Ludwigsburg neig'schmeckt

Gerichte und Geschichten aus Ludwigsburg

Impressum

Redaktion:
Thomas Heil, Wolfgang Reichert, Lars Schietinger, Yvonne Schramm, Olaf Schulze, Sabine Wittig und Thomas Zörlein

Satz/Gestaltung:
Yvonne Schramm und Thomas Heil

Fotografie:
Thomas Zörlein, Olaf Schulze

Text:
Olaf Schulze, Sabine Wittig und Wolfgang Reichert

Projektleitung:
Lars Schietinger

Bildbearbeitung/Repro:
Piltz Repro, Stuttgart

Druck und Herstellung:
Format Druck GmbH, Stuttgart-Bad Cannstatt
Druckerei Uhl GmbH & Co. KG, Radolfzell

Bildnachweis:
S. 90: Uwe Maier
S. 14: Peter Buhl
S. 113: Württemberger Hof
S. 11, 12, 15, 30, 79, 126: Stadtarchiv Ludwigsburg
S. 17–19, 61, 97: Wikipedia
Alle nicht explizit genannten Fotos/Abbildungen sind Eigentum des Verlags Trommelwiese.

ISBN 978-3-9813379-2-1

Printed in Germany.

Vorwort

„Rapunzel, Rapunzel, lass deinen Zopf herunter". So rufen es schon seit Generationen die kleinen Buben und Mädchen am Turm der Emichsburg im Märchengarten des „Blühenden Barocks". Den Zopf hat bislang noch keiner der kleinen Prinzen-Aspiranten zu greifen bekommen, wohl aber kamen fast ausnahmslos alle in den Genuss, als Seerosenkönig inmitten prächtiger Wasserfontänen auf einem Thron in den Himmel gehoben zu werden. Das blühende Barock ist aber nur eine Attraktion der schönen Stadt Ludwigsburg, die viele Besucher Jahr für Jahr bereisen und kennenlernen.

Die rund 86.000 Einwohner zählende Kreisstadt entstand erst spät, am Anfang des 18. Jahrhunderts, durch Herzog Eberhard Ludwig, der das Residenzschloss bauen ließ. Anfangs lebten hier nur etwa 600 Menschen. Doch die Stadt wuchs schnell und kontinuierlich. Auch unsere Nachbarn, die Franzosen, waren mal da. Napoleon Bonaparte stellte hier einen Teil seines Heeres für seinen Russlandfeldzug zusammen. Casanova vertrat seinerzeit die italienische Fraktion beim Besuch der Stadt. Friedrich Schiller und Christian Schubart lebten einige Jahre in Ludwigsburg, die Dichter Justinus Kerner, Eduard Mörike, Friedrich Theodor Vischer und David Friedrich Strauß erblickten hier das Licht der Welt.

Die Innenstadt lädt zum Schlendern und Einkaufen ein, zahlreiche Cafés und Restaurants locken mit ihren Speisen und Getränken zur gemütlichen Einkehr, zum Schauen und Zuschauen, was da so passiert, drinnen, wie draußen. Doch auch in Kunst und Kultur, beim Sport und bei Freizeiteinrichtungen kann sich Ludwigsburg sehen lassen. So treten viele namhafte Künstler im „Forum" oder dem „Scala" auf, im Basketball sind die Ludwigsburger ernst zu nehmende Gegner, und dann gibt es noch die Damen und Herren, die sich mit Bravour nach „oben" getanzt haben. Nicht zu vergessen: Die Ludwigsburger Filmakademie – eine der größten und erfolgreichsten deutschen Medienhochschulen.

Zudem prägten Erfinder und clevere Unternehmer die Stadtgeschichte. Sicher weiß nicht jeder, dass einst, 1832, das Streichholz in Ludwigsburg erfunden wurde. Im Jahre 1928 produzierte die erste Toilettenpapierfabrik Deutschlands in Ludwigsburg grobes Krepp für zarte Haut. Die Ludwigsburger Porzellanmanufaktur schließlich ist bekannt für feines Zerbrechliches aus weißem Gold.

Aber wir wollen hier nicht um den heißen Brei herumreden. Schließlich möchten wir Ihnen nicht nur die Stadt und ihre Geschichte nahebringen, Sie sollen auch in die vielen Töpfe der hiesigen Gastronomen spickeln und so manche Anekdote erfahren.

Die Trommelwiese-Redaktion wünscht Ihnen viel Spaß beim Lesen und Probieren, beim Anschauen und Neischmecken. Guten Appetit!

Inhaltsverzeichnis

Der Marktplatz von Ludwigsburg zählt zu den größten in Württemberg. Eine stattliche barocke Platzanlage, flankiert von zwei Kirchen, in deren Mitte auf einem Brunnen das Standbild des Herzogs Eberhard Ludwig seit 1723 über die Geschehnisse der Stadt wacht. Durch den Bau des Residenzschlosses hatte er zu Beginn des 18. Jahrhunderts den Grundstein für Ludwigsburg gelegt. Ursprünglich plante er nur ein Lustschloss, mit dessen Bau 1704 begonnen wurde. Nach dem Vorbild anderer absolutistischer Herrscher entschloss er sich aber bald, seine Macht durch die Gründung einer Stadt zu zeigen. Die ersten Häuser entstanden ab 1707. Bereits 1718 erhielt Ludwigsburg die Stadtrechte und wurde Sitz eines Oberamtes, aus dem 1938 der Landkreis Ludwigsburg hervorging. Zwischen 1730 und 1800 wechselte die herzogliche Residenz mehrmals zwischen Stuttgart und Ludwigsburg hin und her, was jeweils große Veränderungen für die Entwicklung beider Städte mit sich brachte.

Standbild des Stadtgründers Herzog Eberhard Ludwig

Die Wirtshäuser waren schon immer gesellige Mittelpunkte in den Städten und Dörfern. Nicht nur zum Essen und Trinken, sondern auch als Orte für politische und gesellschaftliche Versammlungen, um Geschäfte zu verhandeln oder einfach nur für Klatsch und Tratsch. Daher wundert es nicht, dass das erste Haus, das nicht zum Schloss gehörte, ein Gasthaus war: das Waldhorn, 1707–1709 in der heutigen Schlossstraße 33 errichtet. Gegenüber dem Schloss gelegen, bot es Quartier für den Adel und die gehobene Beamtenschaft, für Architekten und Künstler, die bei Hofe gastierten, wie 1763 die Familie Mozart. Dass Ludwigsburg damals vor allem eine Soldatenstadt war, fiel manchem Durchreisenden auf. So berichtete schon Leopold Mozart in einem Brief: „Ludwigsburg ist ein ganz besonderer Ort. […] Wenn Sie ausspeyen, so speyen Sie einem Offizier in die Tasche oder einem Soldaten in die Patronentasche. Sie hören ohne Unterlaß auf der Gasse nichts als halt! Marche! Schwenkt euch! Sie sehen nichts als Waffen, Trommeln und Kriegsgeräthe."

Das Residenzschloss Ludwigsburg beherbergt heute u.a. das Keramikmuseum, das Theatermuseum, die Barockgalerie und das Modemuseum.

Die Handwerkerzünfte trafen sich regelmäßig in bestimmten Gasthäusern. So versammelten sich im „Bären" die Bäcker, Glaser, Hafner, Küfer, Metzger, Schmiede, Wagner und Nagelschmiede, in der „Krone" die Bierbrauer und Schuhmacher, im „Lamm" die Büchsenmacher, Sattler, Schlosser, Säckler (Lederschneider) und Zimmerleute, im „Waldhorn" die Dreher, im „Ochsen" die Kübler, in der „Kanne" die Schreiner und Weber, in der „Sonne" die Strumpfwirker, beim Metzger Hauff die Schneider und beim Bierbrauer Lachenmann die Tuchmacher. In der Herberge zum „Römischen König", Haus Marstallstraße 3, befand sich von 1764 bis 1775 das erste Postgebäude der Stadt. Im Poststall dahinter konnten die Postkutscher und die Postreiter auf frische Pferde wechseln.

Die Geschichte des heutigen Ratskellers in der Wilhelmstraße 13 steht beispielhaft für die vielseitige Nutzung eines Gebäudes in glanzvollen und dunklen Zeiten. Errichtet wurde es 1728/29 im Auftrag von Gottlob Friedemann von Pöllnitz, erster Obervogt des Oberamts Ludwigsburg, außerdem Vizepräsident des Regierungsrats und Vorsitzender der Ludwigsburger Baudeputation. Bereits 1732 verließ Pöllnitz Ludwigsburg wieder und zog sich auf seine Güter in Sachsen zurück. In den folgenden Jahren hatte das Palais verschiedene, meist adlige Besitzer, unter anderen lebte dort auch Luisa Toscani, 1757 bis 1775 Première Danseuse bei Herzog Carl Eugen. Ein weiterer Besitzer des Anwesens war Oberst von Dedell, der durch seine kostspielige Lebensführung in finanzielle Schwierigkeiten geraten war und sich 1789 erschoss. Seine verarmte Witwe verkaufte das Anwesen 1790 an Prinz Friedrich Wilhelm von Württemberg – den späteren König Friedrich I. – für 9.000 Gulden nebst 500 Dukaten „Schlüsselgeld". Der verwitwete Prinz zog mit seinen beiden Söhnen Wilhelm (dem späteren König Wilhelm I.) und Paul als alleinerzie-

Schloß, Emichsburg und Anlagen in Ludwigsburg
zur Zeit König Friedrichs.

hender Vater ein, übrigens sehr zum Missfallen seines noch regierenden Onkels Carl Eugen, der ihn lieber in Stuttgart gesehen hätte. Friedrich wohnt dort bis zu seiner Hochzeit mit Prinzessin Charlotte Augusta Matilda, der Tochter des englischen Königs Georg III. im Jahre 1797. Nach dem Tod Friedrichs I. 1816 ging das Palais an die vier Kinder seines Bruders Paul über, die es aber nicht mehr selbst bewohnten. Stattdessen erwarb im Jahre 1834 die Museumsgesellschaft das ehemalige Prinzenpalais für 18.125 Gulden. Die Ludwigsburger Museumsgesellschaft war Ende 1795 als Lesekreis bildungshungriger Bürger gegründet worden. Bis dahin hatte man sich regelmäßig im Waldhorn getroffen, wie die lückenlosen Protokollbände von 1796 bis 1972 zeigen. In den nächsten Jahrzehnten entwickelte sich das „Museum" zu einem gesellschaftlichen Mittelpunkt, der allen Ludwigsburger Bürgern und auch den Militärs offen stand. Entsprechend den sich ändernden Erfordernissen wurde das Haus immer wieder umgebaut. 1887 konnte in Anwesenheit von Prinz Wilhelm und Prinzessin Charlotte ein großer Festsaal eingeweiht werden, dessen Bau lange hinausgeschoben worden war. Bereits ab 1834 bestand im Erdgeschoss eine öffentliche Gaststätte, die ab 1897 von der Stuttgarter Tivoli-Brauerei gepachtet wurde. In den Räumlichkeiten des ehemaligen Palais fanden regelmäßig Bälle, Theaterspiele und Sonntagsunterhaltungen statt. Man traf sich zum Billardspiel oder auch nur zur Zeitungslektüre. Nachdem die Museumsgesellschaft 1899 in eine wirtschaftliche Schieflage gekommen war, wurde das Gebäude von der Stadt übernommen und am 1. Juli 1900 unter dem neuen Namen „Ratskeller" wieder eröffnet. Nach dem 2. Weltkrieg wurde der Ratskeller bis 1951 als Ersatzrathaus genutzt. Bereits im Dezember 1945 konnte dort die städtische Kantine eingerichtet werden. Zwischen 1946 und 1949 war das Gebäude auch Spielstätte des Schillertheaters. Der Kreistag traf sich hier bis in die 1980er Jahre regelmäßig zu seinen Sitzungen. 1997/98 wurde der Ratskeller schließlich generalsaniert. Im Gästebuch des Ratskellers findet man heute noch die Namen vieler prominenter Gäste, beispielsweise Willy Brandt, Franz-Josef Strauß, Rex Gildo, Peter Schreier, Jürgen von der Lippe.

Wirtshäuser sind manchmal Orte schicksalhafter Begegnungen. An Ostern 1823 lernte Eduard Mörike (1804–1875) im Wirtshaus „Zum Holländer" in der Bauhofstraße die Kellnerin Maria Meyer (1802–1865) kennen. Der 18-jährige Theologiestudent verliebte sich leidenschaftlich in das durch seine ungewöhnliche Schönheit, sein geheimnisvolles Wesen und seine Bildung auffallende Mädchen, das von dem Gaststättenbesitzer quasi auf der Straße aufgelesen und dann angestellt worden war. Mörikes ältere Schwester Luise, die über die Verbindung entsetzt war, versuchte schließlich mit Erfolg, ihren Bruder von der in einigen Berichten auch als Schweizer Landstreicherin beschriebenen Schönen abzubringen. Er kehrte wieder zum Theologiestudium nach Tübingen zurück, wo Maria Meyer in den nächsten Jahren noch mehrmals vergeblich versucht haben soll, mit ihm in Kontakt zu kommen, und verarbeitete dieses einschneidende Erlebnis später im Zyklus der Peregrina-Gedichte („... der Spiegel dieser treuen, braunen Augen ist wie von innerm Gold ein Widerschein ...").

Die erste Bierbrauerei in Ludwigsburg schenkte bereits 1721 den eigenen Gerstensaft aus, 1722 öffnete das erste Kaffeehaus seine Pforten. Zeitgenössischen Quellen zufolge soll es 1769 nicht weniger als 63 Wirtshäuser gegeben haben. 1825 konnten die 10.000 Einwohner zwischen neun lokalen Brauereien wählen. Für das Jahr 1850 ist der Bericht eines Reutlinger Apothekerlehrlings überliefert, der damals für einige Zeit in der Hofapotheke arbeitete. Sein Stammlokal war die „Kanne" in der Körnerstraße, wo man „einen vierspännigen Tapp, einen höchst fidelen Gaigel, einen Kreuzgaigel oder einen Sechsundsechzig" spielte. Tapp ist ein fast nur in Württemberg bekanntes Kartenspiel, das in Teilen dem Skat ähnelt, während Gaigel und Kreuzgaigel schwäbische Varianten des Sechsundsechzig sind. Zum Kartenspiel trank man „einen guten 1846er und 1849er" und politisierte mit den Bauern der Umgebung, die während der Markttage in der Stadt waren.

Auch das Militär sorgte für eine steigende Zahl der Gaststätten in Ludwigsburg. Nach Marschieren, Exerzieren, Stiefelputzen und Gewehrreinigen war der Gang zum Wirtshaus für viele Soldaten ein beliebtes, oft wohl auch das einzige Freizeitvergnügen. Wie im Dienst gab es auch hier Rangunterschiede. Die Mannschaften trafen sich in ihren einfachen Stammlokalen, während die höher gestellten Offziere ihre Kosttische in den besseren Lokalen wie dem Bären oder dem Waldhorn hatten. Offizierskasinos wurden erst im letzten Drittel des 19. Jahrhunderts eingeführt. Albert von Pfister (1839–1907), württembergischer Generalmajor und Historiker, notierte damals in seinen Erinnerungen: „Dies ausschließliche Wirtshausleben vollzog sich zum Teil unter ganz wunderlichen Formen und brachte da und dort eine Art von höchst solidem Wesen, fast eine Art von Häuslichkeit außer Haus zuwege." Ludwigsburg löste schließlich 1821 Ulm als größte Garnison Württembergs ab. König Wilhelm I. gründete im gleichen Jahr eine Offiziersbildungsanstalt, die ab 1867 Kadettenschule genannt wurde. Das Mittagessen nahmen die Kadetten regelmäßig im Gasthof „Sonne" ein.

Die Festsäle der Gasthäuser „Waldhorn" und „Bären" gehörten damals zu den wenigen Räumlichkeiten, die für größere öffentliche Versammlungen oder Aufführungen geeignet waren, vor allem, nachdem das Schlosstheater ab Mitte des 19. Jahrhunderts nicht mehr zur Verfügung stand. Während der Deutschen Revolution 1848/49 spielte sich im Gasthaus „Waldhorn" eine kleine Episode während eines wichtigen politischen Ereignisses ab. Im April 1849 wurde König Wilhelm I. von seiner Regierung gedrängt, die Paulskirchenverfassung anzuerkennen, was er anfangs kategorisch ablehnte. Der König begab sich von Stuttgart nach Ludwigsburg, wo ihm die Offiziere der dort stationierten Truppen zwar die Treue versprachen, aber dringend rieten, den Streit mit den Ministern auszuräumen. Die Kabinettsmitglieder trafen am 24. April in Ludwigsburg ein, versammelten sich im Gasthaus Waldhorn und gingen dann geschlossen zum König. Der gab schließlich sein Einverständnis und nahm die neue Reichsverfassung an. Später soll seine Verbitterung groß gewesen sein, nachdem bekannt wurde, dass er der einzige Fürst eines größeren deutschen Staates war, der sich dazu hatte überreden lassen. Im Bärensaal fanden bereits seit 1812 Theateraufführungen und Konzerte statt. Auch heute wird

Die Post-Cantz um 1910

der historische, schön renovierte Saal in der Schlossstraße 7/9 gerne für Familienfeste, Firmenfeiern und viele öffentliche Veranstaltungen gebucht.

1885 zählte man auf 16.200 Einwohner über 4.000 Soldaten, die in den 107 Wirtshäusern und 12 Brauereien für reichlich Umsatz sorgten. Dazu kamen noch zahlreiche, kleinere Ladengeschäfte, in denen die Soldaten Bier und andere Spirituosen kaufen konnten. Der Ludwigsburger Orgelbauer Oscar Walcker (1869–1948) erinnerte sich später: „In einer bekannten Weinwirtschaft saßen vorne die Bürger, im mittleren Zimmer die Artilleristen und hinten tagten jeden Abend die feudalen Ulanen. Jedes Zimmer hatte seine eigene Tür, so daß man sich nicht gegenseitig störte." Auch der Vielfalt der Wirtshausnamen schien damals schon keine Grenzen gesetzt. Um 1890 traf man sich im „Anker", „Falken", „Kronprinz", „Kanne", „Schatten", „Tivoli", „Mohren", „Pflug" oder „Wilden Mann", um nur einige zu nennen. Mit der Industrialisierung im 19. Jahrhundert stieg die Bevölkerung Ludwigsburgs schnell an. 1803 lebten erst rund 5.000 Menschen in der Stadt, 1900 waren es bereits etwa 20.000. In diesem Zeitraum gewann auch die Lebensmittelindustrie an Bedeutung, allen voran seien der Ersatzkaffee-Hersteller Heinrich Franck Söhne sowie der Eiernudel- und Makkaroni-Fabrikant Heinrich Burkhardt genannt, der zwischen 1899 und 1954 in Ludwigsburg ansässig war.

In den Notzeiten des Ersten Weltkriegs wurde in der städtischen Turnhalle im Rathaushof eine Kriegsküche eingerichtet. Anfang Januar 1917 kostete dort das Mittagessen 45 Pfennige. Das Angebot wurde gern in Anspruch genommen. Zeitweise sollen dort pro Tag bis zu 800 Personen verköstigt worden sein. Nach dem Ende des Ersten Weltkriegs und der Ratifizierung des Versailler Vertrags durfte das deutsche Reichsheer nur noch 100.000 Mann umfassen. Für Ludwigsburg bedeutete dies den Verlust von drei Vierteln der Garnison und damit eines gewichtigen Wirtschaftsfaktors, da neben den Wirten auch viele Handwerker und etliche Industriebetriebe von der Versorgung des Militärs profitiert hatten. Beispielsweise wurden die Kasernen vor dem Ersten Weltkrieg von bis zu 50 Gärtnereien mit Obst und Gemüse beliefert. Die Militärküchen bezogen jährlich rund 350.000 Kilo Fleisch. Andere Militärstandorte traf es jedoch noch schwerer – 1921 besaß Ludwigsburg sogar die größte Garnison in Südwestdeutschland. Die Stadtverwaltung versuchte daraufhin mit einigem Erfolg, in den leerstehenden Kasernen Wohnraum anzubieten oder Gewerbebetriebe anzusiedeln. Nach der Einführung der allgemeinen Wehrpflicht schlug das Pendel wieder in die andere Richtung. Da die alten Kasernen nun anderweitig belegt waren, mussten etliche neu gebaut werden. Bis 1939 wuchs die Bevölkerung der Stadt auf rund 38.000 Einwohner und die Zahl der Soldaten um 3.000 gegenüber 1933. Im Zweiten Weltkrieg erlitt die Stadt im Vergleich zu anderen deutschen Städten verhältnismäßig geringe Zerstörungen. Rund 150 getötete Zivilisten zählte man unter der Bevölkerung. Weitere 2.000 Ludwigsburger waren an den Fronten gefallen oder wurden vermisst. Nach Kriegsende im Mai 1945 wurden in Ludwigsburg aufgrund der weitgehend intakten Bebauung, insbesondere der vielen kaum beschädigten Kasernen, viele tausend ausgebombte oder vertriebene Flüchtlinge untergebracht, von denen nicht wenige später in der Stadt blieben. Anfang der 1950er Jahre lebten bereits 20.000 Menschen mehr in der Barockstadt als vor dem Krieg. Gleichzeitig wurde Ludwigsburg ein wichtiger Standort für die US-Armee. So entstand beispielsweise mit der Errichtung von Pattonville (auf Kornwestheimer Gemarkung) ab 1954 ein völlig neuer Stadtteil für bis zu 3.750 amerikanische Soldaten und deren Angehörige. Weiteren Bevölkerungszuwachs brachte die Eingemeindung von angrenzenden Orten wie Grünbühl, Neckarweihingen und Poppenweiler. Zugleich gelang die Ansiedlung von immer mehr Betrieben, vor allem der Elektro-, Maschinenbau- und metallverarbeitenden Industrie.

Zichorienfabrik von Heinrich Franck Söhne.

Ludwigsburg – das „schwäbische Potsdam"

Einen erneuten Einschnitt in der Entwicklung der Stadt bedeutete der Abzug der amerikanischen Streitkräfte nach dem Ende des Kalten Krieges und schließlich 1994 die Schließung des letzten Bundeswehrstandorts. Mehr als 260 Jahre hatte das Militär die Stadt nachhaltig geprägt. Nun boten die Umnutzung ehemaliger militärischer Anlagen Chancen für neue Wirtschaftszweige wie die Medienindustrie und die Bebauung mit neuen Wohnungen. So zog 1993 die Filmakademie Baden-Württemberg in die ehemalige Mathilden-Kaserne ein. Im Lauf der folgenden Jahre entstand zwischen der Schlieffenstraße und der Jägerhofallee eine „Medienmeile" mit dem Film- und Medienzentrum Ludwigsburg, dem Werkzentrum Weststadt und zahlreichen weiteren Niederlassungen der Medien- und Kommunikationsbranche.

Seit 1993 wird mit der Venezianischen Messe an die barocke Tradition Ludwigsburgs angeknüpft. Inspiriert wurde die Veranstaltung von den venezianischen Maskenfesten Herzog Carl Eugens, die dieser zwischen 1768 und 1775 in den Gassen der Stadt feiern ließ. Alle zwei Jahre verwandelt sich nun die Innenstadt rund um das Standbild des Herzogs Eberhard Ludwig auf dem Marktplatz für einige Tage in ein württembergisches Venedig mit Musikern, Artisten und Gauklern, die in farbenprächtigen Kostümen die Besucher begeistern.

Vom Stadtgründer Herzog Eberhard Ludwig bis Wilhelm II., Württembergs letztem König

Herzog Eberhard Ludwig (1693–1733)

*18. September 1676 in Stuttgart
† 31. Oktober 1733 in Ludwigsburg

Der 16-Jährige wird 1693 zehnter Herzog von Württemberg. 1697 heiratet er Johanna Elisabeth von Baden-Durlach. 1704 beginnt er mit dem Bau des Residenzschlosses und legt damit den Grundstein für die Stadt Ludwigsburg. 1707 lässt Eberhard Ludwig sich seine Mätresse, Wilhelmine von Grävenitz, „zur linken Hand antrauen". 1731 wird er der Grävenitz überdrüssig, lässt sie abschieben und versöhnt sich mit seiner rechtmäßigen Gemahlin. Zwei Jahre später stirbt er und wird in der Fürstengruft des Residenzschlosses beigesetzt.

Herzog Karl Alexander (1733–1737)

*24. Januar 1684 in Stuttgart
†12. März 1737 in Ludwigsburg

Karl Alexander ist der Cousin Eberhard Ludwigs, dessen einziger Sohn bereits 1731 gestorben war. Seit 1727 ist er mit Marie-Auguste von Thurn und Taxis verheiratet. Nach seinem Amtsantritt 1733 verlegt der frischgebackene Herzog die Residenz wieder nach Stuttgart. Joseph Süßkind Oppenheimer, Karl Alexanders Finanzmakler, wird nach dem Tod des Herzogs als Opfer eines Justizmordes in Stuttgart hingerichtet. Oppenheimer dient als historische Vorlage für Wilhelm Hauffs Novelle Jud Süß (1827) und Lion Feuchtwangers gleichnamigem Roman von 1925.

Herzog Carl Eugen (1737–1793)

*11. Februar 1728 in Brüssel
†24. Oktober 1793 in Hohenheim

Bei seinem Regierungsantritt 1737 ist Carl Eugen, der älteste Sohn Herzog Alexanders, noch ein Kind. Bis zu seiner Mündigkeitserklärung 1744 wird eine Vormundschaftsregierung eingesetzt. Währenddessen wird der junge Herzog am Hof des Preußenkönigs Friedrich II. in Berlin erzogen. In Württemberg regiert er als absolutistischer Herrscher, seine legendären Feste, Theater-, Oper- und Ballettaufführungen verschlingen Unsummen. Alljährlich reist Carl Eugen zum Karneval nach Venedig, und auch in Ludwigsburg lässt er zur Belustigung des Hofes „Venezianische Messen" veranstalten. 1748 heiratet der Herzog Prinzessin Elisabeth Friederike Sophie von Brandenburg-Bayreuth. 1775 lässt er sich die 20 Jahre jüngere Franziska von Hohenheim zur linken Hand antrauen. 1786, nach dem Tod der rechtmäßigen Herzogin, wird Franziska offiziell anerkannt. Die Liebe zu seinem „Fränzele" hat wohl einen günstigen Einfluss auf den Herzog, denn 1778 lässt er von den Kanzeln Württembergs verkünden, er wolle fortan sein Regiment zum wahren Segen des Landes führen. Das Theater und alle „Narrheiten" werden abgeschafft. Carl Eugen stirbt in seinem noch unvollendeten Schloss in Hohenheim und wird in der Gruft des Schlosses Ludwigsburg beigesetzt. Friedrich Schiller, der sich 1782 durch seine

Flucht ins kurpfälzische Ausland der herzoglichen „Fürsorge“ entzieht, würdigt Carl Eugen posthum mit den Worten: „Er hatte große Fehler als Regent, größere als Mensch, aber die ersteren wurden von seinen großen Eigenschaften weit überwogen, und das Andenken an die letzteren muss mit dem Toten begraben werden.“

Herzog Ludwig Eugen (1793–1795)

6. Januar 1731 in Frankfurt am Main
†20. Mai 1795 in Ludwigsburg

Nach dem Tod seines älteren Bruders Carl Eugen wird Ludwig Eugen regierender Herzog von Württemberg. Ludwig Eugen stirbt am 20. Mai 1795 während eines morgendlichen Ausritts in der Nähe des Ludwigsburger Schlosses.

Herzog Friedrich Eugen (1795–1797)

21. Januar 1732 in Stuttgart
†23. Dezember 1797 in Hohenheim

Nachdem seine beiden älteren Brüder Carl Eugen und Ludwig Eugen rasch hintereinander gestorben waren, wird Friedrich Eugen regierender Herzog von Württemberg. Friedrich Eugens älteste Tochter, Sophie Dorothee Auguste, wird als Maria Feodorowna mit Paul, dem Sohn der Zarin Katharina von Russland, vermählt.

König Friedrich I. (1797–1816)

*6. November 1754 in Treptow an der Rega
†30. Oktober 1816 in Stuttgart

Bereits 1790 lässt Friedrich (eigentlich Friderich) sich in Ludwigsburg nieder. Nach dem Tod seines Vaters Friedrich Eugen wird er ab 1797 regierender Herzog und ab 1806 erster König von Württemberg. Im April 1797, knapp neun Jahre nach dem Tod seiner ersten Frau heiratet Friedrich die englische Kronprinzessin Charlotte Mathilde. Im selben Jahr wird er regierender Herzog, 1803 folgt die Kurfürstenwürde. Im Oktober 1805 empfängt er Napoleon zu Bündnisverhandlungen in Ludwigsburg und im Dezember desselben Jahres verleiht der Kaiser der Franzosen dem württembergischen Regenten die Königswürde. Am 1. Januar 1806 lässt Friedrich per Proklamation mitteilen, dass er die Königliche Würde angenommen hat. Nach und nach lässt der König seine Residenzen in Stuttgart und Ludwigsburg im Empire – dem Stil der neuen Zeit – verschönern. Am 30. Oktober 1816 stirbt König Friedrich infolge einer Lungenentzündung, die er sich bei der Besichtigung von Ausgrabungen fossiler Mammutknochen auf dem Cannstatter Seelberg zugezogen hat. Er ruht in der Gruft des Schlosses Ludwigsburg.

König Wilhelm I. (1816–1864)

*27. September 1781 in Lüben (Schlesien)
†25. Juni 1864 in Cannstatt

Wilhelm I. übernimmt die Regentschaft in dem von Missernten und Hungersnöten heimgesuchten „Jahr ohne Sommer" 1816. Gemeinsam mit seiner zweiten Ehefrau Katharina leitet er zahlreiche Reformen ein. Während seiner Regierungszeit wird u.a. das Katharinenhospital eröffnet, die Wilhelma entsteht und das Landwirtschaftsfest mit Unterhaltungsprogramm auf dem Cannstatter Wasen wird ins Leben gerufen. Wilhelm I. stirbt 1864 auf Schloss Rosenstein und wird in der Grabkapelle auf dem Württemberg beigesetzt.

König Karl (1864–1891)

*6. März 1823 in Stuttgart
†6. Oktober 1891 in Stuttgart

Als einziger Sohn König Wilhelms I. und dessen dritter Frau Prinzessin Pauline besteigt Karl 1864 den württembergischen Königsthron. Seine Frau Olga ist eine Tochter des russischen Zaren Nikolaus I. Am 6. Oktober 1891 stirbt König Karl und wird in der Gruft der Schlosskirche im Alten Schloss in Stuttgart bestattet.

König Wilhelm II. (1891–1918)

*25. Februar 1848 in Stuttgart
†2. Oktober 1921 in Bebenhausen

1891 folgt Wilhelm seinem kinderlosen Onkel auf den Königsthron. Seit 1877 ist er mit Prinzessin Marie von Waldeck-Pyrmont verheiratet, die im Dezember desselben Jahres Tochter Pauline zur Welt bringt. Um sich zumindest im Sommer von der Großstadt zurückziehen zu können, kauft Wilhelm am Stadtrand Ludwigsburgs einen kleinen Landsitz, der Marienwahl genannt wird. Bereits 1882 stirbt Marie bei einer Totgeburt. 1891 heiratet der König Prinzessin Charlotte Marie von Schaumburg-Lippe. Wilhelm II. ist ein volksnaher König, der den Kontakt zu den Menschen sucht. In den Wintermonaten lädt er regelmäßig zu Herrenabenden ein. Zum Abschied erhalten die Gäste eine Tafel „Königszucker" als Mitbringsel für ihre Kinder. Die Verpackung der Süßigkeit ziert eine Abbildung des Königspaars. 1918 dankt der Wilhelm II. ab und nimmt den Titel eines Herzogs zu Württemberg an. Er verlässt Stuttgart und verbringt seine letzten Jahre in Bebenhausen und Friedrichshafen. Im Oktober 1921 stirbt Wilhelm in Bebenhausen. Er wird auf dem Alten Friedhof in Ludwigsburg an der Seite seiner ersten Frau Marie und seines 1880 im Alter von fünf Monaten verstorbenen Sohnes Ulrich bestattet.

Allgäu

Schwäbisch-Internationales in schlicht-rustikaler Atmosphäre

Christoph Rieger (links) und Kevin Bischoff

Gegenüber dem Haupteingang des Ludwigsburger Schlosses steht ein Ensemble von drei denkmalgeschützten Gebäuden, die zu den ältesten Häusern des Viertels zählen. Alle drei wurden von italienischen Bauherren errichtet. Das Haus Schlossstraße 37, Eckhaus zur Charlottenstraße, entstand 1716 als Privathaus italienischer Unternehmer, wurde aber bereits 1721 bis 1730 als Amtshaus der Ämter Urach, Pfullingen, Münsingen und Neuffen genutzt. Das Eckhaus zur Linken, Marstallstraße 9, wurde 1720 vom italienischen Geschäftsmann Antonio Pironi gebaut, genau wie das Gebäude mit der Hausnummer 35, welches bereits um 1715/1716 entstand und in dem sich heute das Gasthaus Allgäu befindet, ein schmales und eher unscheinbares Haus zwischen den beiden stattlichen Eckhäusern zur Marstall- und Charlottenstraße.

Bereits vor dem Ersten Weltkrieg befand sich dort eine einfache Wirtschaft, die gerne von den Fuhrwerksbesitzern aus dem Umland besucht wurde. Während diese dort in Ruhe vespern konnten, versorgte der Hausknecht die Pferde, fütterte und tränkte sie. Etwa zu dieser Zeit übernahm die Familie Entenmann die Gaststätte. Nach hinten raus befand sich anfangs noch eine Bäckerei-Backstube, die aber schon früh aufgegeben wurde. In der angeschlossenen Metzgerei gab es jeden Mittwoch Metzelsuppe, und die Leute aus der Nachbarschaft holten sich hier regelmäßig die Kesselbrühe. In einer Vitrine wurden Wurstwaren für den Straßenverkauf feilgeboten. Die Gaststätte, die bis 1975 von Eugen und Elsa Entenmann geführt wurde, war für ihre bodenständige Küche mit regionaler Hausmannskost bekannt. So gehörte der „Kaminfeger" mit Bratkartoffeln, Zwiebeln und Schwarzwurst zu den beliebtesten Gerichten. Vielen älteren Ludwigsburgern wird auch noch der legendäre Kartoffelsalat von Elsa Entenmann in Erinnerung sein. Noch heute gibt es einen großen Gewölbekeller aus der Bauzeit, in dem die Entenmanns einst den eigenen Most lagerten. In den 1960er und 1970er Jahren war das Lokal sehr beliebt bei den amerikanischen Soldaten, die in Ludwigsburg stationiert waren. Ebenfalls in dieser Zeit gab es gleich mehrere Stammtische. So trafen sich die Ludwigsburger Handwerkermeister teilweise schon morgens, um sich für den Tag zu stärken. Es gab außerdem auch einen Polizeistammtisch und einen Stammtisch des Ringervereins aus Neckarweihingen. Mittags kamen regelmäßig zahlreiche Essensabonnenten der

Ludwigsburger Stadtbetriebe in die Gaststätte. Ab 1975 wurden die Räumlichkeiten in der Schlossstraße 35 von verschiedenen Pächtern geführt.

Im Jahr 1992 veränderte sich alles, aus dem „Entenmann" wurde das Szenelokal S35, beliebt bei jungen Leuten und Studenten. Bis 1998 wurde hier viel Undergroundmusik gespielt. Kneipengänger von damals erinnern sich noch heute an den teilweise mit silberner Folie ausgekleideten Schankraum sowie an das legendäre DJ-Pult, das auf zwei alten Waschmaschinen stand. Auf der kleinen Bühne traten auch bekannte Musiker auf, beispielsweise die amerikanische Sängerin und Gitarristin Maureen Tucker, vormals Schlagzeugerin der Gruppe „The Velvet Underground".

Die Gäste des Allgäu dürfen sich gerne an Christoph Riegers Büchersammlung bedienen.

1998 übernahm schließlich Christoph Rieger die Gaststätte in der Schlossstraße. Nach dem Gymnasium in Bietigheim-Bissingen wollte der 1965 in Ulm Geborene eigentlich Buchhändler werden. Relativ früh entdeckte er jedoch die Leidenschaft zum Kochen und ließ sich im Hotel-Restaurant Hirsch in Kernen-Stetten sowie im Schwanen in Sachsenheim-Ochsenbach zum Koch ausbilden. Mit dem „Allgäu" hatte er sich den Traum eines eigenen Lokals erfüllt. Die Idee zur Namensgebung kam Christoph Rieger bereits während seines Zivildienstes im Allgäu. Wenn er mal eine Gaststätte aufmachen würde, dann muss es dort das Meckatzer-Bier von der 1738 gegründeten Allgäuer Traditionsbrauerei geben, erklärt der Küchenchef augenzwinkernd.

Im Allgäu wird an schlichten Holztischen bei Kerzenlicht gespeist. Etwa 50 Gäste haben in dem gemütlichen und überschaubaren Raum Platz. Man sitzt auf einfachen Holzstühlen oder Holzbänken und hört den dezenten Klängen von Chet Baker oder Serge Gainsbourg zu. Aus der Zeit des Szenelokals S35 ist noch ein Wandbild des amerikanischen Künstlers Jad Fair geblieben. An einer Wand finden sich Holztafeln, die früher im Allgäu im Stall über den Kühen hingen und auf denen Namen und weitere Daten festgehalten wurden: geboren, gedeckt, gekalbt. Heute stehen dort die Geburtsdaten der Mitarbeiter. In einer Ecke im Lokal gibt es einen Madonnen-Winkel, geschmückt mit Kakteen und alten Schnapsflaschen aus Ton. Im Gang zur Toilette laden volle Bücherregale mit Werken von Franz Kafka bis James Jones („Verdammt in alle Ewigkeit") zum Verweilen ein.

Das Allgäu hat viele Stammgäste. Da das Äußere des Lokals relativ unscheinbar ist, verirren sich nur wenige Touristen hinein, obwohl es dem Schloss gegenüberliegt. Das war bis zum Ausbau der B10 zur trennenden Stadtautobahn Anfang der 1970er Jahre, dem viele Alleebäume zum Opfer fielen, noch anders. Wenn die

Gäste aber mal reinkommen, sind sie von der Qualität des Essens überzeugt. „Meine Küche muss man schmecken können", so Christoph Rieger. Im Allgäu kocht der Chef persönlich und verzichtet bewusst auf überflüssige Schnörkel. Die Speisekarte bietet eine überschaubare Auswahl an schwäbischen und international-mediterranen Gerichten. An die Allgäuer Küche erinnern die Käsespätzle, die neben der klassischen Variante auch mit Steinpilzen und gerösteten Speckwürfelchen gereicht werden.

Nicht nur in der Küche des Allgäu ist Christoph Rieger aktiv. Bereits seit 1994 ist er mit seinem Team einer der Caterer für das Open-Air-Kino Ludwigsburg. Außerdem bestreitet er den kulinarischen Teil des Gourmet-Cinema im Ludwigsburger Kino Caligari. Jeweils am zweiten Sonntag im Monat wird im Anschluss an den Film der Matinee-Vorstellung im Kinofoyer geschlemmt. Dazu gibt es passend zu den Filmen zusammengestellte dreigängige Menüs, beispielsweise zu „The King's Speech" ein englisches Menü bestehend aus Spargelsuppe mit Minz-Croûtons, Königspastete als Hauptgang sowie Portwein-Trifle mit Aprikosensoße zum Abschluss. Daneben hat Christoph Rieger auch eine Affinität zur Küche der Barockzeit und beteiligt sich an mehreren Veranstaltungsreihen in dieser Art. Beim „Kaffeeklatsch bei Königs" trifft man sich nach einem Rundgang durch das Keramikmuseum im Residenzschloss Ludwigsburg zum stilvollen Kaffeekränzchen mit Kuchen nach historischen Rezepten – zwei davon sind auf Seite 26 zu finden.

Für die Abendveranstaltung „Soirée Royale", bei der die Gäste kostümiert sind, also höfische Kleidung tragen, zaubert Rieger ein viergängiges barockes Menü. Serviert wird auf Porzellan aus der Ludwigsburger Schlossmanufaktur. Außerdem betreut er „Vom Keller auf den Teller" sowie „Morgenstund", ein barockes Frühstücksbüffet im Schlossgarten Favorite. Dort gibt es unter anderem Weinsuppe mit Safran und Eigelb. Gerne würde Rieger auch mal einen Auerhahn nach barocker Rezeptur zubereiten, aber dazu wird es nicht kommen, da diese Vögel heute unter Naturschutz stehen.

Karotten-Orangensuppe mit Ingwer und gerösteten Sonnenblumenkernen

Zutaten
für 4 Personen

300 g Karotten (geschält und in kleine Würfel geschnitten)
100 g Zwiebeln (ebenfalls in kleine Würfel geschnitten)
2 EL Sonnenblumenöl
2 EL Zucker
1 TL Kürbiskernöl
1 TL pürierter Ingwer
250 ml frisch gepresster Orangensaft
Salz, weißer Pfeffer
4 TL Sonnenblumenkerne zum Garnieren

Schwierigkeitsgrad:
einfach
Zubereitungszeit:
40 Minuten

Sonnenblumenöl in einer Stielkasserolle erhitzen und die Zwiebelwürfel darin bei mittlerer Hitze glasig dünsten. Zucker und Kürbiskernöl dazugeben und rühren, bis die Zwiebeln goldgelb sind. Karotten und ¼ Liter Wasser dazugeben. Bei geschlossenem Deckel köcheln, bis die Karotten weich sind.

Pürierten Ingwer und Orangensaft dazugießen, nochmals kurz aufkochen und pürieren. Mit Salz und weißem Pfeffer abschmecken.

Sonnenblumenkerne in einer beschichteten Pfanne rösten. Die Suppe in vorgewärmten Tellern anrichten und mit den Sonnenblumenkernen bestreuen.

Zutaten
für 4 Personen

… für die Rouladen:

4 dünne Scheiben Hirschfleisch (à 200 g) aus der Keule
8 Scheiben dünner schierer Speck
30 g getrocknete Steinpilze
50 g sehr feine Zwiebelwürfel
grobkörniger, scharfer Senf
2 kleine Möhren
1 große Zwiebel
1 Stück Sellerie (50 g)
1 EL Tomatenmark
3 Nelken, 5 zerdrückte Wacholderbeeren, 2 Lorbeerblätter, je ein kleiner Zweig Thymian und Rosmarin
2 EL getrocknete Preiselbeeren
1 l Fleischbrühe
¼ l Lemberger
Butter, Mehlbutter
Salz, Pfeffer

… für die Schupfnudeln

500 g am Vortag gekochte, geschälte Kartoffeln
125 g Mehl
2 Eier
20 g fein gehackte Gartenkräuter
Salz, Pfeffer, Muskatnuss
50 g Butterfett zum Ausbacken

Schwierigkeitsgrad:
mittel
Zubereitungszeit:
1½ Stunden + 12 Stunden Einweichzeit

Hirschrouladen mit Kräuterschupfnudeln

Zwiebelwürfelchen in Butter goldbraun anbraten. Die über Nacht in Wasser eingeweichten Steinpilze kleinschneiden und zusammen mit dem Einweichwasser dazugeben. Alles so lange kochen, bis eine streichfähige Masse entstanden ist. Mit Salz und Pfeffer abschmecken und abkühlen lassen.

Die Hirschkeulenscheiben mit der flachen Seite eines Fleisch-Plattierers um die Hälfte ihres ursprünglichen Umfangs vergrößern. Sparsam salzen und pfeffern, dünn mit Senf bestreichen und mittig mit je zwei Speckscheiben belegen. Den Speck mit der Steinpilzmasse bestreichen und die Rouladen stramm einrollen. Darauf achten, dass keine Pilze herausragen – diese würden beim Anbraten verbrennen.

Die Rouladen in heißem Butterfett von allen Seiten braun anbraten und warm stellen. Den Bratfond mit etwas Brühe lösen. Möhren, Zwiebel und Sellerie würfeln, dazugeben und anrösten. Mit etwas Brühe ablöschen. Tomatenmark, Gewürze und Preiselbeeren hinzufügen und unter ständigem Rühren ca. 10 Minuten einreduzieren lassen, bis eine bräunliche Masse entstanden ist, die sich gerade noch vom Topfboden lösen lässt.

Mit der restlichen Brühe und der Hälfte des Lembergers auffüllen. Die Rouladen wieder dazu geben, aufkochen und die Temperatur so reduzieren, dass sie am Siedepunkt schmoren. Nach etwa 1 Stunde ist das Fleisch weich. Dann werden die Rouladen entnommen und warm gestellt. Die Soße durch ein feines Sieb streichen, restlichen Rotwein dazugießen und etwas einreduzieren lassen. Mit Mehlbutter bis zur gewünschten Konsistenz eindicken und weitere 15 Minuten kochen. Mit Salz und Pfeffer abschmecken.

Die Kartoffeln durch eine Presse drücken und mit dem Mehl, den Eiern und den Kräutern und Gewürzen vermengen. Den Teig auf einem bemehlten Brett zur Rolle formen, mit dem Teigschaber schräge, fingerdicke Stücke abtrennen und mit der flachen Hand zu Nudeln rollen. In reichlich leicht kochendem Salzwasser kochen bis die Schupfnudeln an der Oberfläche schwimmen. Mit dem Schaumlöffel aus dem Wasser nehmen, auf einem Küchentuch abkühlen lassen und in einer Pfanne in erhitztem Butterschmalz knusprig ausbacken. Mit den Rouladen und Kräutern anrichten.

Zweierlei Tartes

Rezept aus dem 18. Jahrhundert

Aus dem Kochbuch der Freifrau Juliana Elisabetha von Versivoin:

Mandel-Kuchen

Schäle 1 Pfund Mandlen, stoße sie rein, mit 2 Loth Rosenwasser, dazu 3/4 Pfund reingestoßenen Zucker, wohl unter die Mandlen vermischet, und hernach in einer Pfanne gedrocknet. Nimm von einer Citron die Schale klein geschnitten, nach belieben gestoßenen Zimmet, und ein Eyerklar.

Dieses thue alles unter die gedrockneten Mandlen. Mache es mit einem Kochlöffel wohl untereinander zu einem Teig, wurke ihn auf einem Brett und mache einen fingers dicken Kuchen daraus. Diesen bestreiche mit Eyerdotter, und thue Streu Zucker, Mandlen und Citronat darauf. Hernach laß 1/2 Stunde in einer Tartenpfanne oder Backofen backen.

Rahm Tart

Das gelbe von einem Ei thue in eine Schüssel, rühre einen Löffel voll Weißmehl darunter, das dickste von einem Becher voll Milch, so über nacht gestanden hebe ab, und thue es samt einer guten Handvoll Zucker, ein wenig Rosenwasser, einem Stücklein frischen Butter in ein irden Pfängen, und rühre es biß es anfangt zu kochen.

Sollte es aber noch zu dünn seyn, so rühre etliche Eidotter dazu, biß es wird, dass man in eine Tart füllen kann; dann laß es kalt werden, mache von Spanischem Teig einen dünnen Boden in eine Tarten Pfanne, fülle den Teig damit, streue klein geschnittene Citronenschale darauf, bestreiche diese mit geklopften Eyern, und back ganz langsam.

Zutaten
für 4 Personen

Mandel-Kuchen:

500 g abgezogene und gemahlene Mandeln
40 ml Rosenwasser
375 g Zucker
abgeriebene Schale einer Zitrone
20 g feingewürfeltes Zitronat
1 Teelöffel Zimt
1 Eiweiß

... zum Bestreichen:

1 Eigelb
Zucker
Mandelblättchen
Zitronat nach Belieben

Schwierigkeitsgrad:
einfach
Backzeit:
ca. 45 Minuten bei 175 °C

Rahm Tart

... für die Füllung:

200 ml Sahne
2 Eigelb
2 EL Zucker
2 EL Rosenwasser
1 TL Butter
1 TL Speisestärke
etwas abgeriebene Pomeranzen- oder Zitronenschale

... für den Teig:

150 g Weizenmehl
100 g Butter
50 g Zucker
1 Prise Salz

Schwierigkeitsgrad:
einfach
Backzeit:
30–40 Minuten bei 200 °C

Gasthaus Allgäu

Schnörkellose schwäbisch-internationale Küche

Inhaber: Christoph Rieger

Schlossstraße 35 · 71634 Ludwigsburg
Telefon 07141 / 90 48 08
E-Mail mail@gasthaus-allgaeu-rieger.com
www.gasthaus-allgaeu.de

Öffnungszeiten

Dienstag bis Sonntag von 18.00 bis 01.00 Uhr

Gut zu wissen

50 Sitzplätze
Parken: Öffentliche Parkplätze und -Garagen in der Nähe
Party-Service und Catering bis 300 Personen
Regelmäßige barock-kulinarische Veranstaltungen im Residenzschloss Ludwigsburg (z. B. „Kaffeeklatsch bei Königs")
In Zusammenarbeit mit KinoKult e.V. Programmkinos:

- Gourmet-Cinema (jeden zweiten Sonntag im Monat im Caligari-Kino)
- „Menü zum Film" beim jährlichen Sommernacht Open-Air-Kino in Ludwigsburg

Alte Sonne

Kreative Gourmetküche im Herzen Ludwigsburgs

Sternekoch Laurent Durst

Es ist rund zweihundert Jahre her, da hatten die Ludwigsburger Strumpfwirker in der Alten Sonne ihre Zunftherberge. Hier trafen sie sich, sprachen über die Belange der Zunft, debattierten über Aufnahme oder Ausschluss eines Mitglieds und gönnten sich nach getaner Arbeit einen guten Schluck. Seit Laurent Durst hier die Küche führt, positioniert sich die Alte Sonne regelmäßig im Gault Millau. Die Alte Sonne liegt fast im Herzen der barocken Planungsstadt, in unmittelbarer Nähe des Marktplatzes. Das Haus selbst steht nicht unter Denkmalschutz, reicht aber wie seine unmittelbaren Nachbarn, die in späteren Jahrhunderten zumeist aufgestockt wurden, in die Zeit bald nach 1730 zurück. Vom Eingang aus hat man einen Blick auf die Nordseite der Katholischen Kirche. Diese wurde als kleinere und bescheidenere Schwester der Evangelischen Stadtkirche von 1721 bis 1738 zunächst als Reformierte Kirche erstellt und diente ab 1780/81 als evangelisch-lutherische Garnisonskirche. Seit 1810 durften auch die Katholiken das Gotteshaus nutzen, und nachdem die neue Garnisons-, die heutige Friedenskirche, 1903 ihrer Bestimmung übergeben worden war, übernahmen sie diese ganz. Daraufhin entstand dann auch die Chorapsis mit ihren Flankenbauten, in den Fassaden dem Stil des Barock angepasst.

Eine besondere Episode aus der Geschichte der Alten Sonne führt zurück in die Zeit des Zweiten Weltkrieges. 1942 konnte man in der Gaststube der Familie Benzing, wie überall, nur mit Lebensmittelmarken essen oder in der dazugehörigen Metzgerei Fleisch bekommen. Zweimal stieg in dem einfachen aber traditionsreichen Gasthaus in jenem Jahr die Deutsche Fußballnationalmannschaft ab. Der Gasthof wurde für je zwei Wochen zum Trainingsquartier. Der damalige Reichs- und spätere Bundestrainer Sepp Herberger holte die Spieler im April und Oktober 1942 im Vorfeld der seinerzeit noch üblichen Länderspiele von der Front auf „Heimaturlaub" zusammen. Die Trainingsspiele fanden im heutigen Ludwigsburger Ludwig-Jahn-Stadion statt, das als zweitgrößtes württembergisches Stadion unter dem Namen „Horst-Wessel-Kampfbahn" 1938 eröffnet worden war. Sepp Herberger, der „Chef" und Kapitän der Weltmeisterelf von 1954, erinnerte sich viel später in einem Interview an den Ludwigsburger Aufenthalt und geriet dabei ins Schwärmen. In der Alten Sonne habe man sich wie im Märchen gefühlt, fernab vom Krieg und den Gefahren der Front. Er hatte das einfache Quartier ausgesucht, da es mit einer Metzgerei verbunden war. Und sein Instinkt hatte ihn nicht getäuscht. Die Butterbrezeln zum Frühstück seien ebenso herrlich gewesen wie die Aufschnittplatten am Abend. Außerdem hatte die Tochter des Hauses, Marianne Benzing, dann und wann hinter seinem Rücken den Spielern ein Bierchen eingeschenkt. Und dabei auch ein Auge auf einen jungen, stattlichen Mann geworfen. Sie verliebte sich in den aus Berlin stammenden Nationaltorwart Helmut Jahn, den sie später dann auch heiratete und der in Ludwigsburg blieb.

Nichts mehr erinnert heute im Inneren an die Gaststube von damals. Das Interieur ist modern, zurückgenommen und elegant. Das ganze Jahr über kann man sich in der Alten Sonne in zwei verschiedenen Bereichen kulinarisch verwöhnen lassen. Vom Eingang aus betritt man die mit einem „Bib Gourmand" ausgezeichnete Brasserie „s'Laurent", in der es auch einen gehobenen Mittagstisch gibt und in der durch den Küchenchef und sein Team elsässische Klassiker – Gerichte aus der Heimat Laurent Dursts – neu interpretiert werden. Mit einem Michelin-Stern wurde das Restaurant Alte Sonne ausgezeichnet, das sich in einem abgetrennten Raum befindet. Die Atmosphäre erinnert ein wenig an Wohnzimmer der 1960er Jahre. Im Sommer wird „La Terrasse" aktiviert, wo bei schönem Wetter am Ludwigsburger Marktplatz sommerliche Spezialitäten serviert werden. Für Feiern stehen ein großer und ein kleiner Saal im zweiten Stock des Hauses zur Verfügung, die durch eine Bar verbunden sind.

„Das Leben ist wie ein Menü. Ist es interessant, genussvoll und voller Überraschungen, so bleibt man gesund und fröhlich." Nach diesem von ihm selbst formulierten Lebensmotto gestaltet Laurent Durst seine französischen, elsässischen und schwäbischen Spezialitäten. Er zielt auf Genuss und Überraschung, Tradition und Invention. Küchenklassik und Innovation treffen aufeinander und ergänzen sich. 1987 begann Laurent Durst seine Kochkarriere mit einer Lehre im berühmten Cheval Blanc in Lembach. Weitere Stationen waren unter anderem Raubs Landgasthof in Kuppenheim, die Auberge de l'Ill im elsässischen Illhaeusern und das Restaurant La Palme d'Or in Cannes. Seit Kindesbeinen an hatte ihn das Kochen fasziniert, und er entwickelte eine Liebe zu seinem Beruf, zur elsässischen Küche, zu der auch eine gebratene Blutwurst mit Kartoffelstampf gehört, oder Schweinefüße und Ochsenschwanz. Die allgemein in den letzten Jahren spürbare Tendenz zum Einfachen, Traditionellen beschert auch diesen Gerichten dann und wann einen Platz auf der Karte der Brasserie, allerdings wird leichter gekocht und extravaganter. Gibt es für seine feine französische Küche einige Zutaten nicht in der Region, holt Durst sie sich aus Frankreich. Als Hauptgang im Sommermenü des Gourmetrestaurants reicht er Bourguignon von der Ochsenbacke und Kalbskopf, Kartoffelschaum und Morcheln, zu anderen Zeiten findet sich ein Filet von Rouget-Barbet mit gebratenem Spargel und Beurre rouge oder eine mit Honig glacierte Wachtelbrust nebst dazugehöriger Keule mit Passionsfrucht-Couscous auf der Karte.

Postkarte aus dem Jahr 1888

Zu seinen Auszeichnungen befragt, sieht Laurent Durst in ihnen eine Bestätigung und Anerkennung seines gastronomischen Weges, man kann sich aber auch keinen Fehler erlauben. „Wenn ich nicht im Haus bin, ist das Gourmetrestaurant geschlossen." Dennoch kocht er nicht für den Michelin Stern oder die Gault-Millau-Punkte, sondern „erstmal für meine Gäste". Die Frau an seiner Seite ist Kerstin Pozybill, eine gelernte Konditorin. Im Jahr 2000 lernten sie sich im Erbprinz in Ettlingen kennen und bereisten dann gemeinsam die Welt, bis sie in Ludwigsburg sesshaft wurden. Hier ist Kerstin Pozybill Gastgeberin in der Alten Sonne. Nur noch selten kommt sie heute dazu, dann und wann, ein paar Pralinen herzustellen. Roman Krückel, Restaurantleiter und Sommelier aus Franken, empfiehlt den zur Speisenfolge passenden Wein vom Neckar über die Mosel bis zur Loire (und darüber hinaus) aus dem umfangreichen Weinkeller, der auch als Vinothek fungiert. Kochkurse mit dem Küchenchef persönlich, ob über die Handhabung von Krustentieren oder über elsässische Küche, selbstredend mit anschließender Weinprobe, ergänzen das Angebot der Alten Sonne. Laurent Durst, der von sich sagt, sein Zuhause sei immer noch das Elsass, bereichert mit seinem engagierten Team und seiner kreativen Küche die Ludwigsburger Gastronomie auf besondere Weise.

Hällische Schweinebäckle

mit gebratener Blutwurst auf Meerrettich-Linsen

Zutaten
für 4 Personen

4 Schweinebäckle ohne Haut und Fett
2 Lorbeerblätter, 5 Wacholderkörner, 5 Pfefferkörner
20 cl Kalbsjus
Salz, Pfeffer aus der Mühle

... für die Blutwurst:

4 Scheiben Blutwurst (à ca. 50 g)
Sonnenblumenöl und eine Flocke Butter zum Braten
Mehl, Salz, Pfeffer
1 Zweig Rosmarin

... für die Linsen:

4 EL Berglinsen (über Nacht in Wasser eingeweicht)
2 Lorbeerblätter, 1 Zweig Rosmarin
4 EL Weißwein
1 EL passierte Tomate
300 ml Abkochsud von den Schweinebäckchen
Salz, Pfeffer, Muskat
1 Schalotte, 1 Knoblauchzehe (beides fein gehackt)
1 Flocke Butter

Schwierigkeitsgrad:
mittel
Zubereitungszeit:
2½ Stunden

Schweinebäckle in einem Topf mit Wasser bedecken und zum Kochen bringen. Hitze reduzieren, salzen und die Gewürze dazugeben. Ca. 2 Stunden garen. Kalbsjus erwärmen, salzen und pfeffern. Das Fleisch aus dem Sud nehmen und in der Jus bis zum Anrichten warm halten. Abkochsud für die Zubereitung der Meerrettichlinsen zur Seite stellen.

Die Blutwurstscheiben in Mehl wenden und in heißem Sonnenblumenöl von beiden Seiten anbraten. Salz, Pfeffer, Butter und Rosmarin dazugeben und die Wurst mit der Flüssigkeit übergießen.
Aus der Pfanne nehmen,
mit einem Küchenpapier leicht abtupfen und anrichten.

Für die Meerrettichlinsen Knoblauch und Schalotten in der Butter andünsten. Linsen abgießen und dazugeben. Mit Weißwein ablöschen, die Tomate dazugeben und leicht einkochen. Mit dem Bäckchensud auffüllen, Lorbeerblätter und Rosmarin dazugeben und ca. 45 Minuten garen. Mit Salz, Pfeffer und Muskatnuss abschmecken.

Zutaten
für 4 Personen

2 Ochsenbacken (à ca. 500 g)
300 g fein geschnittenes Wurzelgemüse (Karotte, Sellerie, Zwiebel, Staudensellerie, Lauch)
Sonnenblumenöl zum Braten
100 g pürierte Tomate
½ EL Tomatenmark
½ l Merlot
3 Lorbeerblätter, 8 Wacholderbeeren, 8 schwarze Pfefferkörner
Salz, Pfeffer, Zucker
750 ml Fleischbrühe

... für das Püree:

3 mittelgroße Kartoffeln
½ Sellerieknolle
Salz, Pfeffer, Muskat
200 ml Milch
200 ml Sahne
80 g Butter

... für die Bohnen:

100 g Chorizo
400 g Nadel- oder Buschbohnen
Salz, Pfeffer, Muskat
1 EL Olivenöl
1 EL gehackte Petersilie
½ rote Paprika

Schwierigkeitsgrad:
anspruchsvoll
Zubereitungszeit:
2 Stunden

Geschmorte Ochsenbacke in Merlotj

auf Kartoffel-Sellerie-Püree und Chorizo-Bohnen

Ochsenbacken sorgfältig von Sehnen und Haut befreien, dann salzen, pfeffern und in Öl scharf anbraten. Das Fleisch herausnehmen und das Wurzelgemüse dazugeben und anbraten. Pürierte Tomate dazugeben und mit einer kleinen Prise Zucker und etwas Salz einkochen. Ein Drittel des Rotweins dazugießen und einkochen lassen, bis das Gemüse zu rösten beginnt. Tomatenmark und ein weiteres Drittel des Weins dazugeben und erneut rösten. Mit dem restlichen Wein aufgießen und nochmals rösten. Mit Fleischbrühe auffüllen, die Ochsenbacken und die Gewürze dazugeben. Ca. 60–70 Minuten köcheln lassen, bis die Backen gar sind. Fleisch herausnehmen, Soße durch ein Sieb drücken und weiter einkochen bis die gewünschte Konsistenz erreicht ist. Zum Servieren das Fleisch nochmals in der Soße erwärmen.

Für das Püree die Kartoffeln schälen, vierteln und in Salzwasser gar kochen. Milch und Sahne in einem Topf verrühren. Salz, Pfeffer und Muskat dazugeben. Sellerie in kleine Würfel schneiden und in der Milch-Sahne-Mischung weich kochen. Nicht zu lange kochen lassen, damit ausreichend Flüssigkeit für das Püree bleibt. Die abgetropften Kartoffeln dazugeben und mit einem Stabmixer pürieren. Mit Salz, Pfeffer und Muskat abschmecken.

Für die Bohnen die Chorizo in ca. 0,5 cm kleine Würfel schneiden. In wenig Öl anbraten und auf einem Teller beiseite stellen. Bohnen putzen und in Salzwasser ca. 10 Minuten bissfest kochen. In Eiswasser abkühlen und in ca. 2 cm lange Stücke schneiden. Paprika aushöhlen, waschen, in kleine Würfel schneiden und mit Salz und Pfeffer in Olivenöl kurz anbraten. Chorizo, Bohnen und Petersilie dazugeben und abschmecken.

Warmer Münsterkäse

mit Apfel-Zwiebel-Rissolé und Schnittlauchsoße

Zutaten
für 4 Personen

12 dünne Scheiben Münsterkäse
2 mittelgroße Kartoffeln
3 Äpfel
Salz, Pfeffer
Butter und Sonnenblumenöl zum Braten
2 Zwiebeln
Kümmel

... für die Schnittlauchsoße:

1 EL fein geschnittener Schnittlauch
100 ml Sahne
100 ml Milch
Salz, Pfeffer, Muskat

Schwierigkeitsgrad:
einfach
Zubereitungszeit:
45 Minuten

Kartoffeln in Salzwasser abkochen, schälen und in 1,5 cm große Würfel schneiden. Äpfel schälen und ebenfalls in 1,5 cm große Würfel schneiden. Zwiebel schälen und fein würfeln. Die Kartoffeln in Butter und wenig Öl goldbraun anbraten. Zwiebeln dazugeben, Temperatur reduzieren und ca. 2 Minuten weiter braten. Mit Salz, Pfeffer und Muskatnuss abschmecken. Äpfelwürfel dazugeben, kurz mit anbraten und anrichten.

Für die Soße Milch, Sahne, Salz, Pfeffer und Muskat mit dem Pürierstab aufschäumen und den Schnittlauch darüberstreuen. Das Rissolé auf 4 Pastatellern anrichten und mit jeweils 3 Scheiben Münsterkäse belegen. Unter den Grill stellen, bis der Käse geschmolzen ist. Die Schnittlauchsoße auf die Teller geben und den Käse mit Kümmel bestreuen.

Restaurant Alte Sonne / Brasserie s'Laurent

Französisch-elsässische Gourmetküche

Inhaber: Laurent Durst und Kerstin Pozybill

Bei der katholischen Kirche 3 · 71634 Ludwigsburg
Telefon 07141 / 6 43 64 80 · Fax 07141 / 6 43 64 88
E-Mail info@altesonne-durst.de
www.altesonne-durst.de

Öffnungszeiten

Mittwoch bis Sonntag
von 12.00 bis 14.00 Uhr und von 18.00 bis 22.00 Uhr

Gut zu wissen

24 Sitzplätze im Gourmetrestaurant Alte Sonne
32 Sitzplätze in der Brasserie S'Laurent
Außenbereich mit 32 Sitzplätzen
Mittagstisch mit 2-Gänge-Menü
Parken: Öffentliche Parkplätze und -Garagen in der Nähe

Antipasto – Trattoria Weingasse

Leichte Mittelmeerküche im Hardegg'schen Haus

Yannis und Suli Timiliotis bringen mit ihrer Trattoria mediterranes Flair in Ludwigsburgs Fußgängerzone.

Ein Kritiker schrieb einmal: „Der beste Italiener in der Stadt ist ein Grieche." Wie wurde aus dem gelernten Elektriker Yannis Timiliotis, 1962 in der Stadt Serres in Nordgriechenland in der Region Zentralmakedonien geboren, ein Koch? Der Großvater war Weinhändler, die Mutter ist, laut Aussage der Familie, eine fantastische Köchin, doch es war die Militärzeit, die Yannis Timiliotis an die Töpfe brachte. Er leistete seinen Wehrdienst als Koch und damals entwickelte sich eine Leidenschaft, die bis heute anhält. Gemeinsam mit dem italienischen Koch Michele Armenise zaubert Timiliotis im Antipasto eine mediterrane Küche, die auch Einflüsse Asiens aufnimmt. Er lässt sich von den Produkten des Mittelmeerraums inspirieren und nutzt die Palette der jeweiligen Saison. Seine besondere Spezialität ist die Zubereitung von Fisch. Er kombiniert zum Beispiel Seeteufel mit einem Wirsing-Ingwer-Frikassee oder das Doradenfilet mit Kirschtomaten und Zitronengras. Sucht und findet Kontraste. Benutzt den Lavastein-Grill, der einen zarten Geschmack von Holzkohle hinterlässt. „Unsere Küche hat eine Leichtigkeit." Darauf achtet er besonders bei den Mittagsgerichten, die unter der Woche angeboten werden. In jedem Herbst steht dann wieder pata negra, diese besonderen Schweinekoteletts der iberischen Halbinsel in verschiedenen Variationen, auf der Karte oder Cingale, Wildschwein in Barolosoße mit Papardelle. Auch hausgemachte Pasta kommt regelmäßig auf den Teller wie Triangoli con Pecorino e pere – frische Pastataschen mit Pecorino- und Birnenfüllung an Salbeibutter. Da die Trattoria Antipasto mit einem Weinhandel verknüpft ist, ist es auch möglich, den Gästen qualitätvolle Weine wie einen Barolo oder einen Ripasso offen anzubieten. An Frei- und Samstagen finden zudem Weinproben statt.

Die Weinkarte zeigt die ausdrucksvolle Handschrift Suli Timiliotis, einer studierten Romanistiklehrerin. Seit 1992 sind die beiden verheiratet. Und seit 1995 leben sie in Ludwigsburg, das ihnen und ihren Kindern inzwischen Heimat geworden ist. Damals hatten sie mit der Weinhandlung Vinum in der Seestraße begonnen. Neben vor allem italienischen Weinen hatten sie von Anfang an auch griechische Tropfen im Angebot und gehörten so zu den Pionieren, die den griechischen Wein in Deutschland bekannt gemacht haben. Im Jahr 2000 gründeten sie in einem ausgebauten Keller in der Mathildenstraße das Restaurant Ygrec. Von 2004 betrieben sie fünf Jahre lang das Vinum im Literaturhaus des Stuttgarter Bosch-

areals und kehrten schließlich 2009 in die Seestraße zurück. „Wir leben und arbeiten in der Seestraße." Sie schätzen das Flair der Einkaufsstraße, das gute Einvernehmen und das freundschaftliche Miteinander zu den Geschäftsnachbarn, von denen sich viele in der Seestraßenaktionsgemeinschaft engagieren.

Es war wie ein Heimkommen für das Ehepaar Timiliotis, als sie das Antipasto eröffneten. Auch viele Stammkunden fanden sich wieder ein, für manche von ihnen ist die Trattoria Antipasto ein zweites Wohnzimmer. Manchen Gast sieht man jeden Tag, man muss zusammenrücken, kommt ins Gespräch, und auch Freundschaften sind in dieser besonderen, südländischen Atmosphäre schon entstanden. Denn wer in der ehemaligen Durchfahrt, die rasch den Namen Weingasse bekam, sitzt und Richtung Straße blickt, der hat auch den Eindruck, irgendwo in einer Bottega in Süditalien zu sein. Man fühlt sich wie im Urlaub und kann von den Problemen des Alltags eine Mahlzeit lang Abstand finden. Ein Freund des Hauses formulierte es einmal so: „In jeder Stadt gibt es magische Orte, Plätze, an denen alles stimmt. Kluge Menschen hüten sie wie einen Schatz. Sie wollen nicht, dass zu viele kommen und dadurch die freien Plätze rar werden. Jene, die dazupassen, werden von allein hinfinden."

Die Trattoria Antipasto ist nicht nur ein Ort der Geschmackskultur, sie ist auch ein Ort der Kunst und Literatur. An den Wänden finden wechselnde Ausstellungen statt und immer gibt es Lesungen, dokumentiert in Fotobänden, in denen die Gäste gerne blättern können. Mit einem russischen Dichter hatte, noch im Vinum, die Tradition der Lesungen begonnen. Die Krimінächtelesungen mit dem bekannten Autor Wolfgang Schorlau oder dem in Ludwigsburg lebenden Albrecht Schau sind immer ein Ereignis. Gereicht wird in den Lesungspausen ein Menü mit mehreren Gängen und passenden Weinen. Ein Beamer überträgt dabei die Lesung live für die Gäste in der Weingasse. Und das Haus, Seestraße Nr. 2, ist darüber hinaus auch ein Haus mit Geschichte. Die Seestraße, seit 1988 Fußgängerzone, führte einst zum Großen Schafhofer See, der um 1780 zu einem rechteckigen Feuersee umgestaltet worden war. Um 1900 wurde er trockengelegt und die Fläche mit Militärbauten versehen. Der Nordabschnitt der Seestraße ist noch unter dem berühmten Architekten Donato Guiseppe Frisoni geplant und teilweise auch bebaut worden und gehört damit zu den ältesten Teilen der Stadt Ludwigsburg.

Das Hardegg'sche Haus, die Nr. 2, ist sicher das schönste der alten Gebäude in der inneren Seestraße. Erbaut wurde es 1725, wohl nach den Vorgaben Frisonis, als Logis für wohlhabende Metzger und Gastwirte. Der

dreiteilige, symmetrisch gegliederte, zweistöckige Putzbau zeigt sich mit Mittelrisalit samt von ionischen Kapitellen bekrönten Mauerblenden, Mansardwalmdach und Zwerchhaus sowie einer aufwendigen Portalrahmung mit Wappenstein auf der Höhe bürgerlicher barocker Stadthausarchitektur. Im südlichen Flügel findet sich die für Ludwigsburger Bauten dieser Epoche so typische Hofdurchfahrt mit Korbbogentor. Hier im linken Gebäudetrakt war zuletzt fast vier Jahrzehnte lang die stadtbekannte Metzgerei der Familie Blessing untergebracht. Wer heute am hintersten Tisch der Weingasse in der ehemaligen Durchfahrt Platz nimmt, wird nur an kleinen Details wie den metallenen Rollen-Aufhängungen an der Decke bemerken, dass hier einst geschlachtet wurde. Aus der Wurstküche wurde die moderne Küche der Familie Timiliotis, aus dem Verkaufsraum die Trattoria in südlichen Farben, eine Aufschrift frei nach Heinrich Heine prangt über dem Raum: „Austern, Wein, Weib und Gesang." In der Weingasse liegen die Weinflaschen in Regalen, stehen einfache Holztische, denen man die Nutzung ansieht, hängt ein rosafarbener kleiner musizierender Putto an der Decke, Plakate verweisen auf aktuelle Veranstaltungen in Ludwigsburg. Die Musik, die untertags und in den abendlichen Stunden erklingt, ist „multikulti" im besten Sinne und reicht vom italienischen Liedermacher Paolo Conte über Jazz bis hin zu Balkanklängen. Alles kommt ein wenig improvisiert daher und hat gerade deshalb seinen ganz besonderen Charme.

Strozzapretti mit Flusskrebsen und Cognac-Basilikum-Creme

Zutaten
für 4 Personen

500 g frische Strozzapretti
40 ml Cognac
300 ml Geflügelfond
200 ml Sahne
3 EL Basilikumpesto
300 g Flusskrebse
1 gehackte Zwiebel
4 EL Olivenöl
150 g halbierte Kirschtomaten
Salz, Pfeffer

Schwierigkeitsgrad:
mittel
Zubereitungszeit:
30 Minuten

Die Strozzapretti 5 Minuten in Salzwasser kochen und abtropfen lassen. Gehackte Zwiebel kurz in Olivenöl anbraten und die Flusskrebse dazugeben. Nach 2 Minuten den Cognac dazugießen und mit dem Geflügelfond und der Sahne auffüllen. Aufkochen lassen, mit Salz, Pfeffer und den Kirschtomaten verfeinern und 5 Minuten köcheln. Pasta unterrühren und mit dem Basilikumpesto abschmecken.

Zutaten
für 4 Personen

8 Rotbarbenfilets
30 g Butter
300 g schwarze Belugalinsen
200 ml Geflügelfond
1 l Gemüsebrühe
100 ml Weißwein
2–3 Lorbeerblätter
Salz, Pfeffer, Zitronenthymian
2 gehackte Frühlingszwiebeln
Mehl zum Bestäuben der Filets
1 EL gesiebtes Mehl zum Abbinden
1 Bund Petersilie
4 EL Olivenöl
150 g halbierte Kirschtomaten
1 Knoblauchzehe
ca. 200 g geschälte, gekochte Kartoffeln
2 EL Öl

Schwierigkeitsgrad:
mittel
Zubereitungszeit:
45 Minuten

Weintipp:

Ein Sauvignon blanc
aus dem Friaul

Rotbarbenfilet auf Belugalinsen

Die Linsen 15 Minuten in der Gemüsebrühe einkochen. Abtropfen und abkühlen lassen. Filets salzen, mit Mehl bestäuben und in Olivenöl ca. 3 Minuten pro Seite anbraten. Aus der Pfanne nehmen und im vorgeheizten Backofen warm halten.

Kartoffeln in Spalten schneiden und in etwas Öl anbraten.

Den Bratensatz in der Pfanne mit den Frühlingszwiebeln, der Knoblauchzehe und den gekochten Linsen 2 Minuten einkochen. Mit dem Weißwein ablöschen und kurz aufkochen. Geflügelfond, Lorbeerblätter, Salz, Pfeffer, Petersilie, Butter, Thymian und Kirschtomaten dazugeben und mit dem gesiebten Mehl abbinden bis die gewünschte Konsistenz erreicht ist.

2009
ROSATO
VENEZIA GIULIA
PierpaoloPecc

Ricottamousse mit karamelisierten Kumquats

Zutaten für 4 Personen

... für die Mousse:

250 g Ricotta
150 g Schlagsahne
40 g Vanillezucker
25 g Puderzucker
20 ml Grand Marnier
2 Blatt Gelatine
80 ml Prosecco zum Einweichen der Gelatine
½ TL geriebene Zitronenschale

... für die Kumquats:

150 g Kumquats
50 g Butter
25 g Zucker
50 ml Orangensaft
50 ml Wasser
1 Zimtstange
frische Minze zum Dekorieren

Schwierigkeitsgrad:
mittel
Zubereitungszeit:
40 Minuten + 2 Stunden Kühlzeit

Sahne steif schlagen, Puderzucker unterheben und kalt stellen. Gelatine in Prosecco einweichen, leicht erhitzen und auflösen. Ricotta in eine Schüssel geben und den Vanillezucker, die Zitronenschalen, den Grand Marnier und die Gelatine einrühren. Die geschlagene Sahne unterheben und mindestens 2 Stunden in den Kühlschrank stellen.

Die Kumquats waschen und halbieren. Butter in einer Pfanne erhitzen, Kumquats und Zucker dazugeben und leicht karamelisieren. Mit Wasser und Orangensaft auffüllen, die Zimtstange dazugeben und ca. 3 Minuten leicht köcheln. Vor dem Servieren etwas abkühlen lassen.

Antipasto – Trattoria Weingasse

Italienisch-mediterrane Küche

Inhaber: Anastasia Timiliotis-Agalianou und Yannis Timiliotis

Seestraße 2 · 71638 Ludwigsburg
Telefon 07141 / 8 66 20 63 · Fax 07141 / 86 52 20
E-Mail info@antipasto-ludwigsburg.com
www.antipasto-ludwigsburg.com

Öffnungszeiten

Montag bis Samstag durchgehend von 12.00 bis 23.00 Uhr

Gut zu wissen

55 Sitzplätze
Außenbereich mit 24 Sitzplätzen
Mittagstisch
Raucher- und Nichtraucherbereich
Parken: Öffentliche Parkplätze und -Garagen in der Nähe
Catering

Dal Sardo

Der feine Italiener

Pina und Tomaso Corongiu

Vielleicht hätte sich auch alles ganz anders entwickelt, aber es hat halt zu gut gerochen, im hinteren Teil des Lebensmittelladens, mittags, und die Kunden begannen zu fragen. Heute ist Tomaso Corongiu stolz auf das, was er, seine Familie, was sich inzwischen auch die zweite Generation aufgebaut hat. Und keiner hätte es wohl dem kleinen sardischen Jungen prophezeit, dass er einmal ein bekanntes Lokal in Ludwigsburg führen würde, einen authentischen Italiener mit modernem, klarem Ambiente und in Kombination mit der Weinhandlung Sardo Vino, die Sohn Alexander und Schwiegertochter Carolin Corongiu mit Engagement und Wissen zum Erfolg geführt haben.

Doch der Reihe nach: Atzara ist ein Bergdorf, mitten auf Sardinien, lange geprägt durch Teppichweberei und umgeben von Weinbergen, eine bekannte sardische Rotweinlage. Hier wurde Tomaso Corongiu 1946 geboren. Er studierte Landwirtschaft, doch 1968 zog die Bundesrepublik Deutschland auch ihn, wie so viele andere, an. Arbeitskräfte wurden in den 1960er Jahren dringend gebraucht, nicht nur die Italiener kamen. Acht Monate arbeitete er in einer Schuhfabrik in Schwieberdingen, dann ein Jahr als Kellner in einer Schnellgaststätte in der Nähe des Cannstatter Bahnhofs. Die nächste Station war das bekannte Reisebüro Rominger in Stuttgart. Nach drei Jahren sollte er als Reiseleiter auf Tour. Doch da gab es Pina, seit 1972 seine Frau. Sie stammt aus Agrigent, von der Südküste Siziliens. Er wollte eine Familie gründen, doch als Reiseleiter ist man meist weg. So schlug Tomaso Corongiu erneut einen anderen Weg ein. Er ging in den Lebensmittelhandel zur Edeka-Kette in Stuttgart, wurde Kommissionierer und Disponent, seine Frau Pina arbeitete in der Caféteria im Kaufhof Bad Cannstatt. Drei Kinder kamen auf die Welt.

1981 machte sich die Familie Corongiu selbstständig mit einem Lebensmittelgeschäft in Stuttgart-Zuffenhausen, zeitweise kam ein zweiter Laden in Zuffenhausen hinzu. Und mittags, wie eingangs gesagt, wurde für die Familie gekocht, und die Kunden wunderten sich und sagten: „Wir glauben, Sie haben den falschen Beruf gewählt." Als Koch ist Tomaso Corongiu Autodidakt, aber was für einer. „Erst wenn es mir richtig schmeckt, gebe ich ein Gericht an meine Gäste weiter." Unterstützt von seiner Frau, entwickelte er sich immer weiter. Die Gerichte wurden immer aufwendiger. Und mit der Zeit wuchs der Gedanke, ein eigenes Lokal aufzumachen. Im Mai 1996 wurde dann das Dal Sardo in Ludwigsburg-Grünbühl aus der Taufe gehoben. Zunächst noch mit einem angestellten Koch, doch bald war klar, nur Tomaso selber würde so kochen, wie Tomaso es für richtig hielt. Im ersten Lokal gab es auch noch Pizza. Durch Mund-zu-Mund-Propaganda kamen immer mehr weinaffine Gäste, die Weinkarte, die Speisen und das Publikum entwickelten sich. Die Corongius wohnten nun in Remseck-Aldingen und nach knapp zehn Jahren war man auf der Suche nach einem neuen Lokal, es gab im alten keine Entwicklung mehr.

Da kam das Neubauprojekt mit Kaufland als Bauträger auf dem Gelände der ehemaligen Krabbenlochkaserne gerade recht. Hier entstand seit Mitte der 1990er Jahre das neue Wohngebiet Rotbäumlesfeld auf dem früheren Kasernenareal. Nach Abzug der US-Army 1993 wurde das 11 Hektar große Militärareal einer neuen Nutzung zugeführt. Unter den Nationalsozialisten errichtet, war die Kaserne ab 1945 zunächst eines der beiden in Ludwigsburg errichteten Lager für internierte NSDAP-Mitglieder und hohe Staatsbeamte der Hitlerzeit. Im Sommer 1972 gab es landesweit negative Schlagzeilen. Unter den damals stationierten 600 amerikanischen Soldaten war ein hoher Anteil Afroamerikaner. Durch ihren Kommandeur hatten sie sich im Umfeld eines Manövers diskriminiert und benachteiligt gefühlt. Unruhen brachen aus, es kam zu Handgreiflichkeiten und Verletzten. 40 bis 60 Mitglieder der „Black Power"-Bewegung, der Bürgerrechtsbewegung für Afroamerikaner, so heißt es in damaligen Zeitungsberichten, stürmten die Wache der Kaserne, besetzten das Eingangstor und forderten mit dem zuständigen General zu sprechen. Eine Woche später wurde der fragliche Kommandeur schließlich von seinem Posten abberufen, die Krise war überwunden.

Von den Kasernengebäuden selbst ist bis auf ein altes Heizungsgebäude nichts mehr übrig geblieben. Als das Areal um das heutige Einkaufszentrum schließlich bebaut wurde, konnte die Familie Corongiu als Erst-

nutzer Einfluss auf die Gestaltung des Restaurants und der räumlich mit ihr verbundenen Vinothek nehmen. Und so entstanden ein angenehm freier Blick, hohe Räume, eine große Leichtigkeit. Am 6. Oktober 2007 eröffnete das neue Dal Sardo mit Sardo Vino in der Danziger Straße seine Pforten, von der City Ludwigsburg gut zu erreichen und mit genügend Parkplätzen vor dem Haus. Die Idee mit dem Weinhandel als Portal für alle italienischen Weinregionen hatten die Jungen: Alexander Corongiu, ursprünglich gelernter Groß- und Außenhandelskaufmann, der bei seinem Studium der Weinbetriebswirtschaft in Heilbronn Carolin, seine heutige Frau, eine Winzerin, kennen- und liebengelernt hatte. „Reine Weinhandlungen sind uninteressant, heute braucht man Erlebniswelten, einen Zusatznutzen, die Kombination aus Genuss, Speisen und Weinen", so das Paar. Großen Zulauf haben die regelmäßigen Weinseminare, die im Restaurant stattfinden und für die Carolin Corongiu immer wieder neue Ideen entwickelt. Die sensorischen Streifzüge durch die Welt der italienischen Weine bieten viele Überraschungen, da gibt es nicht nur die sardischen Rotweine oder den Barolo, sondern auch wunderbare Weißweine aus alten, ursprünglich griechischen Rebsorten, wie beispielsweise den „Greco di Tufo". Alles wird mit genauen Expertisen versehen, und man spürt die Liebe zum Wein in den Empfehlungen der beiden, die regelmäßig auf den italienischen Weinmessen präsent sind und zu den Winzern reisen, um sich persönlich ein Bild von der Produktion zu machen. Und während man im Lokal auf sein frisch zubereitetes Essen wartet, lockt einen der Blick durch die großen Scheiben der Verbindungstür in die Vinothek, wo in dunklen Holzregalen die Flaschen nach Regionen sortiert auf eine Verkostung warten und danach häufig auch einen Käufer finden.

Derweil zaubert Tomaso Corongiu mit seinem Küchenteam ehrliche, stets frisch zubereitete italienische und sardische Gerichte auf den Teller. Die sardische Küche selbst ist fleischlastiger, Ziege und Schaf, auch deren Käse, sind wichtige Bestandteile, ebenso die frische Myrte und Rosmarin als typische Gewürze der Region. Die Pasta wird zu großen Teilen hausgemacht, und das schmeckt man auch. Etwa bei den Paccheri della Mama, großen Rohrnudeln in einer kräftigen von Pina Corongiu entwickelten Tomatensoße mit schwarzen Gaeta-Oliven, Zwiebeln und Kapern. Gekocht wird nur mit sardischem Olivenöl, so auch das Ossobuco Dal Sardo, die geschmorte Kalbsbeinscheibe, natürlich mit Rotwein aus Sardinien verfeinert. Frischer Fisch ist eine Spezialität von Papa Tomaso, so die Sogliola alla Papa, eine ganze Seezunge in Weißweinsoße gedünstet mit Kirschtomaten, Zwiebeln und frischen Kräutern. Am liebsten würde Tomaso Corongiu, bei allem Stolz auf seine moderne Kücheneinrichtung, den Fisch im Freien grillen oder auf offenem Feuer das Lamm mit Rosmarin und Myrte zelebieren, wie daheim auf Sardinien.

Antipasto di Polpo

Zutaten
für 4 Personen

1 ganzer Oktopus (ca. 1 kg)
ca. 800 g festkochende Kartoffeln
1 Bund Rucola
1 kleiner Radicchio
Olivenöl
Salz, Pfeffer
1 bis 2 ganze, luftgetrocknete Bottarga („sardischer Kaviar")
Rotweinessig
frische Salbeiblätter
1 kleine Stange Staudensellerie

Schwierigkeitsgrad:
mittel
Zubereitungszeit:
25 Minuten + 1 Stunde und 40 Minuten Kochzeit für den Oktopus

Den Oktopus säubern (Augen, Schnabel, Haut und Innereien entfernen) und am Stück in einen ausreichend großen Topf mit kochendem, gesalzenem Wasser geben. 2 EL Rotweinessig, 2 Salbeiblätter und den Staudensellerie dazugeben und alles zusammen 1 Stunde und 40 Minuten kochen.

Kartoffeln schälen und in Salzwasser bissfest kochen. Sie sollten gleichzeitig mit dem Oktopus gar sein.

Rucola und Radicchio hacken. Den Oktopus kurz abschrecken und häuten, solange er noch warm ist. Kartoffeln und Oktopus in mundgerechte Stücke schneiden und mit dem Rucola und dem Radicchio vermengen. Mit Olivenöl, Rotweinessig, Salz und Pfeffer abschmecken. Bottarga mit dem Kartoffelschäler hobeln und alles zusammen anrichten. Lauwarm genießen!

Zutaten
für 4 Personen

800 g Kalbsfilet am Stück
100 g Parmaschinken (in nicht zu dünnen Scheiben)
100 g Büffelmozzarella
frische Salbeiblätter
100 ml trockener Weißwein
100 ml Kalbsfond
Mehl
Olivenöl

Schwierigkeitsgrad:
mittel
Zubereitungszeit:
25 Minuten

Saltimbocca dal Sardo

Das Kalbsfilet in 1 cm dicke Scheiben schneiden und vorsichtig mit einem Fleischklopfer auf 0,5 cm flachklopfen. In Mehl wenden.

Etwas Olivenöl in einer Pfanne erhitzen, die Medaillons hineingeben und auf einer Seite goldbraun braten. Wenden und je eine Scheibe Parmaschinken auf das Fleisch legen. Mit ca. 100 ml Weißwein ablöschen und etwas reduzieren lassen. Kalbsfond dazugießen und die Mozzarella sowie je ein Salbeiblatt auf die Medaillons legen. Bei geschlossenem Deckel köcheln lassen, bis der Käse beginnt zu zerlaufen.

Die Medaillons direkt aus der heißen Pfanne auf warme Teller geben und die Soße über das Fleisch gießen. Als Beilage empfehlen wir Gemüse der Saison und frisches Baguette.

Weintipp:

2007 Terre di Sofia Chardonnay Sicilia IGT, Weingut Maurigi, Sizilien

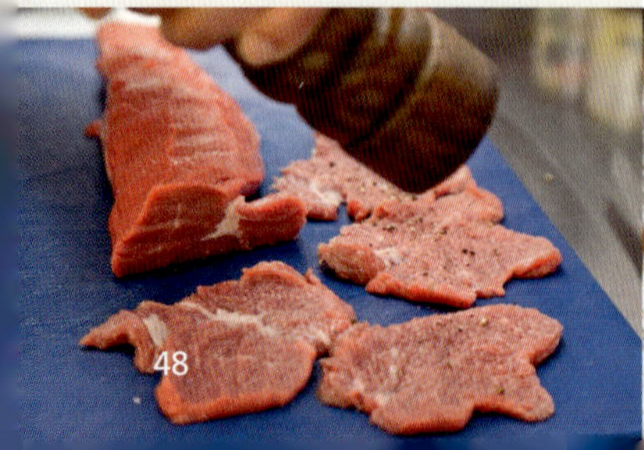

STATTI

Zabaione con Frutti di bosco

Zutaten
für 4 Personen

200 g frische Waldbeeren
3 Eigelb
1 Ei
40 ml Vernaccia di Oristano dolce (sherryähnlicher Wein aus Sardinien)
2 bis 3 EL Zucker

Schwierigkeitsgrad:
einfach
Zubereitungszeit:
20 Minuten

Beeren waschen, abtropfen und von den Stielen befreien. Einen großen Topf mit Wasser füllen und erhitzen. Eine kleinere Edelstahlschüssel in das Wasserbad setzen. Ei, Eigelb und Zucker in die Schüssel geben und bei geringer Hitze mit dem Rührgerät schaumig schlagen. Vernaccia langsam zugeben und weiterschlagen. Auf vier tiefe Teller verteilen und mit den Früchten dekorieren.

Ristorante Dal Sardo

Feine italienische Küche in familiärer Atmosphäre

Inhaber: Tomaso Corongiu

Danziger Straße 40 · 71638 Ludwigsburg
Telefon 07141 / 8 04 07 · Fax 07141 / 7 02 93 52
E-Mail ristorante@dal-sardo.de
www.dalsardo.de

Öffnungszeiten

Dienstag bis Samstag
von 12.00 bis 14.00 Uhr und von 18.00 bis 22.00 Uhr

Gut zu wissen

55 Sitzplätze
Außenbereich mit 40 Sitzplätzen
Mittagstisch
Parken: 20 eigene Parkplätze
Angrenzende Weinhandlung mit rund 500 verschiedenen Weinen,
die auch im Restaurant verkostet werden können.
Kulinarische Weinproben, Weinseminare etc.

Weinstube Klingel

Gutbürgerliche Küche in rustikalem Ambiente

Richard Leheis kocht gerne typisch schwäbisch, verwöhnt seine Gäste aber auch mit „exotischen" Gerichten.

Man schreibt das Jahr 1715, als die ersten Gebäude der Eberhardstraße errichtet werden. Vor allem Metzger, Sattler, Schreiner, Gastwirte und andere finanzkräftige Handwerker siedeln sich hier an. 1724 baute der Schreinermeister Caspar Paul das Haus Nummer 8, in dem sich heute die Weinstube Klingel befindet. Geführt wird das gemütliche Lokal in zweiter Generation von Richard und Nancy Leheis.

Am 1. April 1937 pachteten Richards Großeltern – der Metzgermeister Reinhold Klingel, Sohn der Schießtalwirtin Anna Klingel, und seine Frau Hedwig – die damalige Metzgerei in der Eberhardstraße 8. Im selben Gebäude befand sich auch eine Gaststätte, die das Ehepaar Nufer führte. Im Sommer 1939 kaufte Reinhold Klingel das gesamte Anwesen. Jetzt befand sich neben der Metzgerei Klingel auch die Weinstube Klingel, die die Klingels jedoch nicht selbst betrieben, sondern weiterhin verpachteten. Gleich nach dem Kauf begann Reinhold Klingel damit, die ebenfalls auf dem Gelände befindliche Scheune zum Wohnhaus umzubauen. Doch 1941 wurde er zum Militärdienst eingezogen, kam nach Stalingrad und wurde später als vermisst gemeldet. Hedwig Klingel blieb allein zurück und brachte 1942 Tochter Erika zur Welt. Reinhold Klingel hat seine Tochter nie gesehen. Der Gipsermeister Fritz Schwarz, ein Nachbar aus der Eberhardstraße, half der jungen Witwe, das Wohnhaus fertigzustellen, sodass sie es gemeinsam mit der Metzgerei an das Ehepaar Eugen und Hilde Frank verpachten konnte. Auch die Weinstube wurde neu verpachtet. Hedwig Klingel zog mit ihrer Tochter zunächst nach Poppenweiler auf den Erbhof ihrer Eltern, kam aber später wieder zurück in die Eberhardstraße. Erika Klingel wuchs heran, absolvierte eine kaufmännische Lehre und heiratete Rolf Leheis, den sie in der Tanzstunde kennengelernt hatte.

1968 beschloss das junge Paar, die Weinstube Klingel zu übernehmen. Die Metzgerei wurde geschlossen, ihre Räumlichkeiten als Lager genutzt. Rolf Leheis, eigentlich Maurer von Beruf, brachte sich das Kochen selbst bei und widmete sich gemeinsam mit seiner Frau voll und ganz der neuen, selbst gewählten Aufgabe. Bald schon wurde die Weinstube zum beliebten Treffpunkt der Ludwigsburger. Jeder Gast – ob Student oder Direktor – wurde freundlich bedient und fand etwas auf der Speisekarte. Es gab typisch Schwäbisches, aber auch Spezialitäten aus Thüringen, der Heimat von Rolf Leheis. Die Freude am Kochen hat Rolf Leheis an zwei seiner vier Kinder vererbt: Die Söhne Rainer und Richard haben sich für eine Kochlehre entschieden. Rainer, der Älteste, stieg gleich nach seiner Ausbildung in den elterlichen Betrieb ein, der in den 1980er Jahren modernisiert und erweitert wurde. Der Eingang wurde verlegt, die Theke versetzt, die Küche neu eingerichtet und ein Teil der Lagerräume wurde zum zusätzlichen Gastraum.

Richard zog es nach seiner Lehre in „Gengenbach's Adler" in Hochberg am Neckar in die Ferne. Er wollte möglichst viel Erfahrung sammeln und arbeitete in verschiedenen Restaurants und Hotels – zum Beispiel am Tegernsee, in Arosa, auf Norderney und in Samnaun. Rund anderthalb Jahre lang kochte er als Smutje auf der Rommel, einem Zerstörer der Bundesmarine. 1994 kam Richard Leheis mit vielen Ideen im Kopf zurück nach Ludwigsburg und unterstützte Eltern und Bruder in der Weinstube, die sich inzwischen weit über die Grenzen der Stadt hinaus einen Namen gemacht hatte. Zwei Jahre später übergaben Erika und Rolf Leheis die Leitung offiziell an ihren Sohn Rainer, der das Lokal bis zu seinem frühen Tod im Herbst 2009 führte. Anfang 2010 haben Richard und seine Frau Nancy die Weinstube übernommen. Obwohl Erika und Rolf Leheis längst im wohlverdienten Ruhestand sind, sind sie immer zur Stelle, wenn zusätzliche helfende Hände gebraucht werden.

Eine gutbürgerliche vorwiegend schwäbische Küche, Württemberger Weine, verschiedene Biere vom Fass und der herzliche Umgang mit den zahlreichen (Stamm-)Gästen – Richard und Nancy führen die mehr als vier Jahrzehnte währende Tradition der Weinstube Klingel behutsam fort. Aber auch Neues wird gerne ausprobiert. So finden sich neben Maultaschen, Kutteln, Gaisburger Marsch, Rostbraten, Linsen mit Spätzle, Thüringer Sauerbraten und Thüringer Rostbrätle immer wieder Gerichte auf der Karte, die man in einer schwäbischen Weinstube nicht unbedingt erwartet. Zum Beispiel die „Mundelsheimer Bouillabaisse" mit sieben verschiedenen Fischen. Die Idee zu dieser Fischsuppe kam dem Hobby-Paläontologen Richard Leheis, als ein Freund 2006 in Mundelsheim eine Gesteinsplatte mit sieben verschiedenen Fischarten ausgegraben hatte. Bei der Versteinerung handelte es sich um eine kleine Sensation, denn keiner der Fische war bislang wissenschaftlich bearbeitet worden. Mit Anjana Shreshta kam das Daal Bhat Tarkari – das Hühnchen Nepalesisch – auf die Karte. Richard Leheis hatte per Zeitungsannonce eine Küchenhilfe gesucht und mit der quirligen Nepalesin eine patente Gastköchin gefunden. Anjana finanziert sich mit dem Nebenjob ihr Studium Hotel- und Tourismusmanagement an der Hochschule Heilbronn. Nach einem typischen Gericht aus ihrer Heimat befragt, bereitete sie das würzige Hühnchen zu. Dem Ehepaar Leheis hat es hervorragend geschmeckt und so wurde das exotische Gericht auch den Gästen angeboten. Das Daal Bhat Tarkari fand sofort zahlreiche Anhänger und wird seitdem regelmäßig auf die Karte gesetzt. Auch mit weniger exotischen Speisen experimentiert Richard Leheis gerne. Manchmal bringen Gäste ihn auf neue Ideen, indem sie von besonderen Geschmackserlebnissen – zum Beispiel aus dem Urlaub – berichten. Der rege Austausch mit ihren Gästen ist für Nancy und Richard Leheis sehr wichtig. „Jeder soll sich bei uns rundum wohlfühlen", betonen die beiden. Nicht wenige Gäste kommen schon seit vielen Jahren. Auch zahlreiche Stammtische haben hier ihren festen Platz: unter anderem die Turner des MTV, die Skatspieler, die Käfersammler, die Senioren der Feuerwehr, mehrere Kaffeekränzchen und viele mehr. Mitglieder des Gemeinderats treffen sich ebenso gerne „beim Klingel" wie Mitarbeiter und Studenten der Ludwigsburger Filmakademie – letztere hin und wieder in Begleitung von Prominenten aus Film und Fernsehen.

Anjana, die nepalesische Gastköchin, bereicherte die Speisenkarte um das würzige Daal Bhat Tarkari.

Die Paläontologie ist für Richard Leheis ein wichtiger Gegenpol zu seiner Arbeit in der Küche. Regelmäßig fährt er nach Holzmaden, um nach Fossilien zu graben. Viele Funde präsentiert er im Eingangsbereich der Weinstube. Manche Steine können die Gäste gegen eine kleine Spende mitnehmen. Das Geld, das auf diese Weise zusammenkommt, spendet der Hobby-Paläontologe an die Deutsche Gesellschaft zur Rettung Schiffbrüchiger. Rund zwanzig Stunden im Monat verbringt Richard Leheis als Aufsicht im Staatlichen Museum für Naturkunde am Löwentor in Stuttgart. Inmitten jahrmillionenalter Exponate kann der Gastronom perfekt abschalten. Hier ist er auch seiner „Bouillabaisse"-Gesteinsplatte mit den sieben Fischen nahe, denn das außergewöhnliche Fossil befindet sich in den Räumen des Museums in sicherer Verwahrung.

Daal Bhat Tarkari

(Hühnchen Nepalesisch)

Linsen in einen Topf geben, mit Geflügelbrühe bedecken und ca. 12–15 Minuten zu einem dicken Brei knackig weich kochen. Butter in einer Pfanne bei geringer Temperatur erhitzen. Nacheinander Kümmel, Kurkuma und Garam Masala dazugeben und anschwitzen. Zwiebelringe und Knoblauch dazugeben und unter ständigem Rühren erhitzen. Sobald die Zwiebel weich ist, die Gewürzmasse zu den Linsen geben, kräftig umrühren und mit Salz, Pfeffer und evtl. etwas Chilipulver abschmecken.

Hühnerschlegel leicht anbraten, mit der Geflügelbrühe aufgießen und alle Gewürze dazugeben. Ca. 25 Minuten kochen lassen. Tomate, Paprika und Frühlingszwiebel würfeln und zu dem Hühnchen geben. Nochmals 5 Minuten kochen. Die Soße mit einem kleinen Teil der roten Linsen binden und abschmecken.

Zutaten
für 4 Personen

4 Hühnerschlegel
1 l Geflügelbrühe
1 Messerspitze Bockshornklee
4 Körner Kardamom
1 TL Curry
1 TL Paprikapulver
3 TL Garam Masala
1 TL Kurkuma
1 Prise Chili (gemahlen)
Messerspitze Zimt
1 Nelke
10 grüne Pfefferkörner
2 Wacholderbeeren
2 Lorbeerblätter
4 Knoblauchzehen (fein gehackt)
50 g frischer Ingwer (fein gehackt)
1 Tomate
½ Paprika
1 Frühlingszwiebel
Salz

... für die Beilagen:

200 g rote Linsen
½ l Geflügelbrühe
40 g Butter
10 ganze Kümmelsamen
1 TL Kurkuma
1 TL Garam Masala
50 g Zwiebeln (in Viertelringe geschnitten)
4 Knoblauchzehen (fein gehackt)
Salz, Pfeffer
evtl. etwas Chilipulver

100 g Himalaya Duftreis

Schwierigkeitsgrad:
mittel
Zubereitungszeit:
40 Minuten

Sauerbraten Thüringer Art

Zutaten
für 4 Personen

ca. 1,2 kg falsches Filet (Schulterfilet) vom Rind
80 g Original Thüringer Soßenkuchen
40 g schwarze Johannisbeermarmelade
0,1 l Kräuteressig
1 l Fleischbrühe
1 TL Lebkuchengewürz
4 Lorbeerblätter
4 Wacholderbeeren
6 Pfefferkörner
1 Teelöffel Senfkörner
Messerspitze Koriander
4 Nelken
6 Pimentkörner
100 g Karotten (gewürfelt)
200 g Zwiebeln (gewürfelt)
¼ l Glühwein (zum Binden)
ca. 60 g Mehl
Dill, Petersilie

800 g am Vortag gekochte, geschälte Kartoffeln
200 g Mehl
100 g Kartoffelmehl
3 Eier
Salz
1 Scheibe Toastbrot
Butter
gehackte Petersilie

Schwierigkeitsgrad:
mittel
Zubereitungszeit:
2½ Stunden + 3 Tage Marinierzeit

Das Fleisch gut anbraten, Karotten- und Zwiebelwürfel dazugeben und mitköcheln. Marmelade dazugeben und kurz mitrösten. Aus der Fleischbrühe, dem Essig, dem Soßenkuchen und den Gewürzen die Marinade herstellen. Dazu alle Zutaten in einen Topf geben, verrühren und aufkochen. Das Fleisch dazugeben und nochmals 10 Minuten kochen. Abkühlen lassen und für 3 Tage in den Kühlschrank stellen. Das Fleisch muss ständig von der Beize bedeckt und das Gefäß gut verschlossen sein.

Nach 3 Tagen das Fleisch aus dem Kühlschrank nehmen und zusammen mit der Beize ca. 2 Stunden kochen lassen. Mit Mehl und Glühwein abbinden. Fleisch herausnehmen und die Soße durch ein Sieb streichen. Die Zwiebel- und Karottenwürfel dabei mit durch das Sieb drücken.

Für die Knödel die kalten Kartoffeln durchpressen und mit dem Mehl, dem Kartoffelmehl, den Eiern und dem Salz vermengen. Toastbrot in kleine Würfel schneiden. Butter in einer Pfanne erhitzen und das Toastbrot darin zu Croûtons rösten. Aus dem Kartoffelteig Knödel abdrehen und mit Croûtons und einer Butterflocke füllen. Darauf achten, dass die Knödel schön fest sind, damit die Butter nicht ausläuft. In reichlich Salzwasser kurz aufkochen und garziehen lassen.

Weintipp:
Grantschener Lemberger trocken, im Holzfass gereift

Pfannkuchen
mit karamellisierten Äpfeln

Zutaten
für 4 Personen

... für die Pfannkuchen:

400 g Mehl
Vollmilch
4 Eier
Salz
Butter für die Pfanne

... für die Apfelfüllung:

2 große süße Äpfel
Butter
Zucker
Calvados
etwas Apfelmus
Mark einer ausgekratzten Vanilleschote

Schwierigkeitsgrad:
einfach
Zubereitungszeit:
20 Minuten

Mehl und Salz in einer Schüssel vermengen und mit etwas Milch zügig zu einem glatten Teig verrühren. Eier zugeben und luftig durchschlagen. Die Pfannkuchen in reichlich Butter ausbacken.

Äpfel schälen und in Spalten schneiden. In einer Pfanne mit etwas Butter und Zucker glasieren. Nach Belieben Calvados, Apfelmus und das Vanillemark dazugeben, kurz umrühren und die Pfannkuchen damit füllen.

Weinstube Klingel

Schwäbische Küche mit überregionalen und internationalen Akzenten

Inhaber: Richard Leheis

Eberhardstraße 8 · 71634 Ludwigsburg
Telefon 07141 / 926 968 · Fax 07141 / 564 288

Öffnungszeiten

Montag bis Freitag
von 10.00 bis 15.00 Uhr und 17.00 bis 22.00 Uhr
Samstag
von 18.00 bis 22.00 Uhr

Gut zu wissen

58 Sitzplätze
Nebenzimmer mit 28 Sitzplätzen
Täglich wechselnder Mittagstisch
Parken: Öffentliches Parkhaus direkt gegenüber sowie zahlreiche Parkplätze und -Garagen in unmittelbarer Nähe

Das schwäbische Versailles – höfisches Leben zu Zeiten Carl Eugens

Nachdem der württembergische Herzog Carl Eugen 1764 den Forderungen der Landstände nach finanzieller Mäßigung einfach den Rücken kehrte und seinen Hof von Stuttgart nach Ludwigsburg verlegte, erlebten Stadt und Schloss ihre Blütezeit in der Epoche des Rokoko. Gleich im folgenden Winter ließ der Förderer und Liebhaber der schönen Künste unweit des Schlosses das große, hölzerne Opernhaus errichten – in seiner Kurzlebigkeit nur ein Beispiel für den Lebensstil Carl Eugens in seinen frühen Regierungsjahren, in denen er nicht nur dem Wild in seinen Wäldern keine Ruhe ließ, sondern auch enthusiastisch jedem neuen Superlativ hinterherjagte.

Der bekannte Oberamtsarzt und Schriftsteller Justinus Kerner, ein Kind Ludwigsburgs, schildert das dahinwelkende Opernhaus in seinen „Erinnerungen aus den Jahren 1786 bis 1804": „Trat man hinein, so sah man sich, wenn auch im Dämmerlichte, viel hundertmal wieder und man glaubte auf einmal das ganze Theater von seinem eigenen Ich bevölkert zu sehen. Oft drang nach dem Zuge der Wolken von außen wieder ein heller Sonnenstrahl durch die Ritzen und Spalten der Türen und Läden; dann widerstrahlte das Haus oft in Farben des Regenbogens oder entstand sonst eine magische Beleuchtung. Dabei standen noch aus alter Zeit halbzertrümmerte Bilder von Ritterrossen, Elefanten und Löwen umher. Oft flohen wir, durch all diese Erscheinungen im Innern dieses Zauberhauses fast zur Verwirrung gebracht, schnell hinaus an den hellen, klaren Tag." Um 1804 wurde das Opernhaus abgebrochen, an seiner Stelle entstand der „Schlüsselsee".

Sicher, wir verdanken Carl Eugen prachtvolle Bauten wie die Lustschlösser Monrepos und Solitude. Doch wie sah die Kehrseite der Medaille aus? Während der Hofstaat in Luxus schwelgte, fehlten den Untertanen oft die existentiellen Grundlagen. „Haben Eure Durchlaucht die Schätze der Könige von Frankreich, Spanien und Portugal zusammen?", wurde Carl Eugen einmal von seinem Architekten Servandoni gefragt. Was er darauf erwidert haben soll, veranschaulicht, wie realitätsfern und selbstbezogen die Perspektive des Herzogs war: „Meine Kasse ist hinreichend für alle meine Pläne." Darüber, dass das Geld zu großen Teilen durch den Verkauf von Landeskindern als Soldaten an fremde Heere erwirtschaftet worden war, setzte sich der württembergische Herrscher hinweg. Friedrich Schiller prangerte diese Machenschaften später an, durch seine Lady Milford in „Kabale und Liebe". Carl Eugen untersagte weitere Aufführungen.

Aber lassen wir das damalige Leben und Treiben in den „Zauberhäusern" des „schwäbischen Versailles" für einen Augenblick wieder aufleben. Wie sah es eigentlich aus? Wie startete der württembergische Herrscher in seinen Tag? Bei all seiner Verschwendungssucht wollte er, Überlieferungen zufolge, an eines am liebsten nicht eine Minute verschwenden – an den Schlaf. Dazu berichtet Giacomo Casanova, einer der berühmtesten Zeitgenossen des Herzogs: „Unbarmherzig jagte er den Diener fort, dem es nicht gelang, ihn aufzuwecken, nachdem er drei oder vier Stunden im Schlaf gelegen hatte. [...] Aber er erlaubte dem Diener, alle Mittel anzuwenden, um ihn aus dem Bett zu bringen. [...] Es kam vor, dass der Bedienstete, nachdem er ihm Kaffee eingeflößt hatte, ihn aus dem Bett in ein kaltes Bad werfen musste, wo dann Seine Hoheit wohl erwachen mussten, wenn sie nicht ertrinken wollten."

Aufgrund der Brandgefahr baulich getrennt von den Hauptflügeln des Schlosses, liegt abseits hinter der Ordenskapelle der stattliche Küchenbau, bereits 1715 errichtet. Hinter drei hohen Bögen befand sich einst der große, zweigeschossige Küchenraum, doch hat sich durch Umbauten späterer Jahrhunderte nichts mehr der ursprünglichen Ausstattung erhalten. Ganz oben wohnte das Küchenpersonal. Dieses hatte mit dem Hof eine Stadt in der Stadt zu versorgen, zusätzlich bei Festen oft viele hundert Gäste. Dem Hofmeister unterstanden die übrigen Bediensteten, nämlich die übrigen drei Küchenmeister, der Bratenmeister, der Backmeister, die zeitweise acht Mundköche (zuständig für die herrschaftliche Tafel, vier von ihnen stammten aus Frankreich), der Ritterkoch (zuständig für die Tafel des Hofstaats) und der Salzkoch, um nur einige zu nennen. Dazu kamen zahlreiche Küchenknechte und Mägde. Besonders wenn der Herzog Geburtstag hatte und dies gleich über mehrere Tage gefeiert wurde, herrschte emsiges Treiben wie in einem Bienenstock. Bei solchen Anlässen wurde sogar das Volk nicht vergessen und zwei Ochsen in einem speziellen Pavillon gebraten, worin „zwey Springbrunnen von Wein ohne Aufhören flossen". Apropos Wein – wer hätte das gedacht? Ausgerechnet der sinnenfreudige Carl Eugen war, laut Zeitgenossen, „ein abgesagter Feind vom Trinken und verabscheue es an jedermann." Und nachdem er seine Gäste zur Mittagstafel geführt hatte, zog er sich zurück, „indem Sie kein Liebhaber von Mittagessen sind, sondern des Tags über einige mahl Caffee mit viel Milch trincken und biss zum Nachtessen warten." Das dritte und prunkvollste Geburtstagsfest des Herzogs am 17. Februar 1764 wurde von einem Singspiel über die Kunst des Liebens gekrönt. Im Hof zwischen Küchen- und Ordensbau errichtete man eigens „einen großen Theatersaal von erlesener und geschmackvoller Architektur." Und, „nachdem die ganze Gesellschaft Platz genommen hatte, wurde eine Ouverture gespielt, welche klang, als hätte Amor sie dem Komponisten persönlich eingehaucht."

Herzog Carl Eugen von Württemberg

Eine Errungenschaft der höfischen Tischkultur dieser Zeit waren die Servietten, oft kunstvoll zu Turteltauben, Schwänen, Fischen, Mützen, Hauben, Fächern oder sogar Kohlköpfen gefaltet. Bestecke bestanden aus Gold oder zumindest aus Silber, serviert wurde in wertvollem „weißem Gold", sprich Porzellangefäßen aus der 1758 von Carl Eugen gegründeten Ludwigsburger Manufaktur. Die Speisen selbst stellten oft essbare Kunstgebilde dar, insbesondere das Konfekt und Zuckerwerk. Die Konditorei war im Erdgeschoss des Festinbaus untergebracht, hier arbeitete der Hofkonditor mit seinem Gesellen. Im Erdgeschoss des Theaterbaus lag die Kaffeekammer, in der der herzogliche Kaffee täglich frisch geröstet und gemahlen wurde. Manche Zutat wurde damals noch mit Argwohn betrachtet. Tomaten, erstmals eingeführt von den Kanarischen Inseln, galten als Nachtschattengewächse lange Zeit als giftig und dienten ausschließlich Dekorationszwecken. Vor Kartoffeln wurde von zeitgenössischen Ärzten gewarnt: „Sie wecken häufig den Geschlechtstrieb und stumpfen – vielleicht in Folge dessen – die Geisteskräfte ab." Insgesamt bot die höfische Tafel eine schier unüberschaubare Augenweide aus raffinierten Pasteten, Fleischgerichten aller Art, exotischen Früchten, Meeresfischen, Schalentieren und Süßspeisen. Die Vielfalt der Speisen war beeindruckend. Carl Eugen feierte bereits seine Hochzeit 1748 mit einem Drei-Gänge-Menü, von dem jeder Gang nicht weniger als zwanzig Speisen umfasste. Und nicht zuletzt sollten vollendet befolgte Tischmanieren und Benimmregeln jene auszeichnen, die zum Adel gehörten. Der gesellschaftliche Rang bei Hofe war dabei aus der Platzordnung ersichtlich.

Gutsschenke im Schloßhotel Monrepos

Genussvielfalt in der ehemaligen Meierei

Chefpatron Harald A. Neises prägt die Küche des Monrepos seit 1975.

Schon seit dem 16. Jahrhundert pflegten die Herzöge von Württemberg gerne am Eglosheimer See, der nordwestlich von Ludwigsburg liegt, die Wasserjagd. 1714 ließ Herzog Eberhard Ludwig mit dem „Seehaus" das erste feste Bauwerk am nördlichen Ufer errichten. Unter Herzog Carl Eugen wurden See und Seehaus in ein barockes Alleennetz eingebunden. Die schnurgerade, drei Kilometer lange Seeschlossallee von Schloss Favorite sowie die Monreposstraße nach Eglosheim weisen den Besuchern auch heute noch den Weg. Um 1755 gestaltete man den See als rechteckiges Bassin mit geraden Uferlinien. Drei Jahre später befahl Carl Eugen zunächst den Bau eines barocken Lustschlosses durch Pierre Louis Philippe de la Guêpière, konzentrierte sich aber bald auf das Jagdschloss Solitude, und so blieb das Gebäude am Eglosheimer See über 40 Jahre im Inneren letztlich unvollendet. Erst sein Neffe Herzog Friedrich II. (1806 dann König Friedrich I.) beauftragte 1801 den Architekten Nikolaus Friedrich von Thouret mit der Fertigstellung des Schlösschens im klassizistischen Stil und ließ den Seegarten nach dem Geschmack der Zeit als englischen Landschaftsgarten umgestalten. Der rechteckige See wurde durch Absenkung des Wasserspiegels, Aufschüttungen an den Ufern und der Anlage von künstlichen Inseln mit einer Kapelle, einem römischen Tempel und Badehaus sowie einer Eremitage völlig verändert. Die Kapelle ist seit einem Bombentreffer gegen Ende des 2. Weltkriegs nur noch als Ruine erhalten, alle anderen Bauwerke auf den Inseln fielen dem Zahn der Zeit zum Opfer und wurden abgetragen. Friedrich I. gab dem Lustschlösschen 1804 seinen Namen: Monrepos („meine Ruhe, meine Erholung").

Im Zuge der Baumaßnahmen im frühen 19. Jahrhundert entstand neben dem Seeschloss auch ein Meiereigebäude, da man das Anwesen landwirtschaftlich nutzen wollte. In einem Seitenflügel ist heute die historische Gutsschenke untergebracht, die zum Schloßhotel Monrepos gehört, einem einige Meter entfernt stehenden Neubau aus den 1960er Jahren. Die Gutsschenke, ursprünglich ein Ausflugslokal, zählt heute zu Ludwigsburgs ersten Adressen. Neben dem Hauptraum gibt es zwei weitere Säle. Das elegante Rote Zimmer mit seinen barocken Zierelementen an den Wänden und einem antik gestalteten Holzboden wird von den Gästen gerne für kleinere Feiern oder Geschäftsessen gebucht. Drei indirekt beleuchtete Wappen waren die Namensgeber für das Wappenzimmer. Das ansprechende Ambiente, das dieser Raum ausstrahlt, wird stark durch seine mit Gold abgesetzte Kassettendecke geprägt. Eine große Terrasse mit Blick zum Park und Schloss erweitert das Platzangebot im Sommerhalbjahr.

Über die Gutsschenke gebietet seit dem 20. Dezember 1975 Harald A. Neises, eine echte Kochpersönlichkeit, immer in der obligatorischen weißen Kochmontur mit hoher Mütze, auch wenn er mal schnell auf dem weitläufigen Gelände mit dem Golfcart unterwegs ist. 1942 in Trier geboren, hatten seine Eltern dort eine Fischgroßhandlung betrieben. Er selbst konnte als Kind dem Meeresgetier nichts abgewinnen und wollte beruflich zunächst nichts mit Fischen zu tun haben. Nach Abschluss der Schule lockte ihn die Seefahrt. Da jedoch von der Seemannsschule Flensburg lange Zeit keine Antwort auf seine Bewerbung kam, entschied er sich über Nacht für eine Kochlehre im Hotel-Restaurant Esplanade in Luxemburg – ein Entschluss, den er nie bereut hat, wie er heute sagt. In Luxemburg kam er erstmals intensiv mit den Besonderheiten der französischen Küche in Kontakt, was seinen weiteren Berufsweg stark geprägt hat. Nach seiner Lehre wechselte Neises zum Feinkosthändler und Caterer Traiteur Goetz, der exklusiv den großherzoglichen Palast, die Gesandtschaften und die Regierung in Luxemburg belieferte. Dort lernte er den Umgang und die Befriedigung der Bedürfnisse von höchsten Persönlichkeiten kennen – Erfahrungen, die ihm bis heute von großem Nutzen sind.

Anschließend übte er seinen Beruf an den unterschiedlichsten Orten aus: Auf ein Offizierskasino in Trier folgte eine Anstellung bei der Köln-Düsseldorfer-Rheinschifffahrt, dann in einem Restaurant im Walsertal, eine Saison im L'Hermitage in der Luxemburger Schweiz, im Restaurant auf dem Stuttgarter Fernsehturm, auf einem Schiff der Holland-Amerika-Linie, im Porta Nigra in Trier, um nur einige Stationen zu nennen. Schließlich konnte Lothar Gruber, der damalige Chef des Schloßhotels Monrepos, ihn als Küchendirektor gewinnen. In der Gutsschenke habe er sich gleich wohlgefühlt, meint er heute, auch wenn das Einleben im Schwabenland für jemand, der von der Mosel kam, nicht immer ganz einfach war. Anfangs kochte er mit sehr viel Knoblauch, wie in der französischen Küche üblich, was in Ludwigsburg aber nicht immer bei allen

Nur wenige Meter vom Restaurant entfernt steht das unter Herzog Carl Eugen erbaute Seeschlösschen Monrepos.

Gästen gut angekommen sei. In Ludwigsburg hat er auch bald seine Frau Anke kennengelernt.

Seinen Durchbruch mit der Küche des Monrepos feierte Harald A. Neises auf der Intergastra 1976, wo er mit seinen aufwendig angerichteten kalten Platten den ersten Preis des Staatsministeriums gewann. In der Folge fanden viele internationale Gäste ihren Weg ins Monrepos. Auch auf zahlreichen Staatsempfängen der baden-württembergischen Landesregierung hatte er Gelegenheit, seine Kochkunst zu zeigen. In den Räumlichkeiten des Residenzschlosses Ludwigsburg musste damals viel mit mobilen Küchen improvisiert werden, aber Neises fand schließlich immer eine kreative Lösung. Auch die Staatsgäste waren des Öfteren für Überraschungen gut. So wollte der König von Malaysia eine Reissorte essen, die nur in seinem Heimatland zu bekommen war, und die norwegische Präsidentin begann mit einer 20-minütigen Rede, als gerade die Küchenbrigade mit dem fertigen Eisdessert in den Saal getreten war.

Seine Erfahrungen mit Königen kommen jetzt allen seinen Gästen zugute, sagt er heute lachend. Jeder Gast könne sich bei ihm wie ein König fühlen. „Kochen ist mein Leben", so sein Resümee, auch wenn er sich das als Kind damals nicht habe vorstellen können. Ihm gefällt vor allem die Kreativität, die man dabei ausleben kann, nicht nur beim Kochen, sondern auch beim Anrichten der Speisen auf dem Teller. Die Gutsschenke bietet ihren Gästen heute eine Mischung aus gehobener regionaler, französischer und italienischer Küche. Daneben hat man sich auch auf die Zubereitung von Wild spezialisiert. Das ganze Jahr hindurch finden die Gäste immer wieder neue kulinarische Verführungen bei den Themenwochen, beispielsweise beim Kastanienblütenfest im Juni oder bei der Mexikanischen Fiesta im August. Harald A. Neises, der seit 1997 auch Mitinhaber des Schloßhotels Monrepos ist, bietet seinen Gästen gerne ein Degustationsmenü an, mit dem er die Vielfalt seiner Küche unter Beweis stellt.

Feine Basilikum-Pannacotta auf Tomatensülzle

Zutaten
für 4 Personen

... für die Pannacotta:

300 ml Sahne
1 Bund Basilikum
4 Blatt Gelatine
Salz und Pfeffer

... für die Tomatensülze:

5 Tomaten
1 Knoblauchzehe
150 ml Gemüsebrühe
Zucker, Salz, Pfeffer
4 Blatt Gelatine

Schwierigkeitsgrad:
mittel
Zubereitungszeit:
45 Minuten + 4 Stunden Kühlzeit

Basilikum (einige Blätter für die Garnitur beiseitelegen) waschen, gut trocknen, in die Sahne geben und alles fein pürieren. Gelatine einweichen. Die Basilikum-Sahne aufkochen und mit Salz und Pfeffer abschmecken. Ausgedrückte Gelatine dazugeben und unter Rühren auflösen. Die Masse in kleine Förmchen geben und mindestens 4 Stunden in den Kühlschrank stellen.

Für die Sülze drei der Tomaten mit etwas Salz und einer geschälten Knoblauchzehe mixen und anschließend durch ein Passiertuch laufen lassen. Restliche Tomaten in kochendem Wasser kurz blanchieren, in Eiswasser abschrecken und die Haut abziehen. Die Tomaten vierteln, das Kerngehäuse entfernen und die Tomatenfilets anschließend in Würfel schneiden.

Den passierten Tomatensaft mit der Gemüsebrühe vermengen. Gelatine in kaltem Wasser einweichen und in dem Saft-Brühe-Gemisch warm auflösen. Tomatenwürfel in die Brühe rühren und mit Salz, Pfeffer und einer Prise Zucker abschmecken. Alles in einer Schüssel auf Eis kalt rühren und gelieren lassen.

Zutaten
für 4 Personen

800 g Rehnüsschen aus der Rehkeule (vom Wildhändler enthäuten lassen)
Salz, Pfeffer aus der Mühle
Rosmarinsträußchen
2 EL Pflanzenöl

... für die Kruste:

100 g Butter
60 g Preiselbeeren-Konfitüre
60 g gehackte Walnusskerne
80 g geriebenes Weißbrot

... für die Soße:

200 ml Wildbratensaft
100 ml Lemberger
2 EL Holundermark
1 EL Mondamin
2 EL Schmand

... für die Polentaherzen:

150 g Polenta-Maisgrieß
600 ml Milch, 50 g Butter in Würfeln, Salz, Pfeffer
2 EL Olivenöl
50 g kalte Butter
etwas Butter fürs Blech

... für das Gemüse:

4 kleine Fenchelkörbchen blanchiert
je 50 g rote und gelbe Paprika
50 g Zucchini
20 g Zwiebeln
2 EL Olivenöl, Salz Pfeffer
200 ml Tomatensugo
50 g Artischockenherzen

Schwierigkeitsgrad:
anspruchsvoll
Zubereitungszeit:
90 Minuten

Zart rosa gebratenes Rehnüssche

mit Preiselbeer-Walnusskruste

Rehnüsschen abwaschen, mit einem Küchenkrepp trocken tupfen, würzen und in heißem Öl anbraten. Für die Kruste die Butter schaumig rühren und mit der Konfitüre, den Walnusskernen und dem Weißbrot zu einer cremigen Paste mischen.

Die Nüsschen auf ein Backblech legen, mit der Walnusspaste ca. 1 cm dick bestreichen, das Rosmarinsträußchen dazugeben und im Backofen bei 120 °C ca. 20 Minuten garen.

Für die Polentaherzen Milch, Butter, Salz und Pfeffer in einen Topf geben und zum Kochen bringen. Maisgrieß einrühren und ca. 15 Minuten unter ständigem Rühren köcheln lassen. Anschließend etwas Olivenöl und nach und nach die kalte Butter dazugeben. Die Polenta in ein gebuttertes Blech gießen, glatt streichen, mit Butterbrotpapier abdecken und erkalten lassen.

Die abgekühlte Polenta auf ein Schneidbrett stürzen und Herzen ausstechen. Die Herzen auf einer heißen Grillplatte oder in der Pfanne goldgelb anbraten.

Für die Holundersoße Wildbratensaft, Wein und Holundergelee in einem Topf aufkochen und auf die Hälfte reduzieren lassen. Nach Belieben mit etwas angerührtem Mondamin binden und mit Schmand verfeinern.

Für das Gemüse die blanchierten Fenchelkörbchen würzen, in Olivenöl leicht anbraten und auf einem Backblech warmstellen. Zwiebeln hacken und in Olivenöl anbraten. Paprika und Zucchini fein würfeln, dazugeben und weiter dünsten. Mit Tomatensugo auffüllen, ca.10 Minuten köcheln lassen und abschmecken. Das Gemüse in die warmgestellten Fenchelkörbchen füllen und mit den Artischockenherzen garnieren.

Als zusätzliche Beilage empfiehlt Chefpatron Harald A. Neises Quittengelee – serviert in einem halben, ausgehöhlten Bratapfel.

2008 Rotwein Cuvée

Erdbeer-Charlotte auf Blanc Manger

Zutaten
für 4 Personen

... für die Charlotte:

165 g Erdbeerpüree
165 g Läuterzucker (Wasser und Zucker zu gleichen Teilen)
Saft von 2 Zitronen
10 g Gelatine
165 g Sahne
Löffelbiskuits
4 Charlotteförmchen

... für das Blanc Manger:

150 g geschälte süße Mandeln
2–3 geschälte bittere Mandeln oder Mandelaroma
400 ml Milch
110 g Zucker
10 g Gelatine, etwas Läuterzucker
Mandelöl

Schwierigkeitsgrad:
mittel
Zubereitungszeit:
45 Minuten + 3 Stunden Kühlzeit

Für die Erdbeercreme das Fruchtpüree mit dem Läuterzucker verrühren. Gelatine einweichen und in einem Topf bei schwacher Hitze auflösen. Sahne schlagen. Löffelbiskuits halbieren und in die Förmchen stellen. Zitronensaft, aufgelöste Gelatine und die geschlagene Sahne zum Erdbeerpüree geben und cremig rühren. Die Creme in die Förmchen füllen und mindestens 3 Stunden kaltstellen.

Die Mandeln für das Blanc Manger in frischem Wasser wässern, um sie schön weiß zu halten. Dann so fein wie möglich mahlen und löffelweise die Milch dazugeben. Die Masse durch ein Tuch passieren (ergibt ca. 350 ml Mandelmilch). Gelatine einweichen und in lauwarmem Läuterzucker auflösen. Den Zucker und die aufgelöste Gelatine in die Mandelmilch rühren. In eine mit Mandelöl bestrichene Zylinderform füllen und mindestens 3 Stunden kaltstellen.

Zum Anrichten das Blanc Manger aus der Form nehmen, in Scheiben schneiden und in der Mitte des Tellers platzieren. Die Erdbeer-Charlotte stürzen und auf die Blanc-Manger-Scheiben dekorieren.

Schloßhotel Monrepos Restaurant Gutsschenke

Kreative Feinschmeckerküche in historischen Räumen

Inhaber: Harald A. Neises und Edwin W. Nimis

Domäne Monrepos 22 · 71634 Ludwigsburg
Telefon 07141 / 302-560 · Fax 07141 / 302-200
E-Mail gutsschenke@schlosshotel-monrepos.de
www.schlosshotel-monrepos.de

Öffnungszeiten

täglich von 11.30 bis 24.00 Uhr

Gut zu wissen

120 Sitzplätze
Außenbereich mit 200 Sitzplätzen
13 Veranstaltungsräume
1.000 kostenfreie Parkplätze
Behindertengerechte Einrichtung
Live-Musik im Sommer
Spezialitätenwochen (z. B. Duft des Südens)
Catering

nestor Hotel Ludwigsburg

Ideenreiche Küche in der ehemaligen Garnisonsbäckerei

Küchenchef Jörg Michael

Wer heutzutage in den Sommermonaten auf der Terrasse des Restaurants Wintergarten des Ludwigsburger nestor Hotels sitzt und den Blick über den Platz und die ihn U-förmig umstehenden Backsteingebäude mit ihren Rundbogenfenstern schweifen lässt, vermag kaum zu ahnen, was für ein geschäftiges Treiben hier einst geherrscht hat. Vor dem Ersten Weltkrieg lieferte das hier untergebrachte Königliche Proviantamt, zuständig für die Versorgung der Truppen mit Nahrungs- und Futtermitteln, täglich mehr als 12 Tonnen Hafer, Heu und Stroh aus als Mittags-, Abend- und Morgenfutter für die in Ludwigsburg damals vorhandenen rund 2.500 Militärpferde. An die etwa 5.000 Soldaten der Garnison mussten alle vier Tage im Durchschnitt 15 Tonnen Brot ausgegeben werden. Um diese Massen zu bewältigen, hatte man ab 1874 in mehreren Bauabschnitten nach den Plänen des Architekten Richard Bok eine stattliche Dreiflügelanlage errichtet, die die komplette Nordhälfte eines ursprünglich als Exerzierplatz freigehaltenen Geländes in Anspruch nahm.

Man begann zunächst 1874/75 mit der Garnisonsbäckerei samt Backlokal und hohem Schornstein, angeschlossenen Brot- und Mehlmagazinen sowie Fouragemagazinen (Pferdefuttermagazinen) und einigen Militärwohnungen als Zweiflügelanlage an der Nord- und Ostseite des Areals. 1883 folgte der freistehende Verwaltungsbau an der Westseite der Stuttgarter Straße. Bis 1893 war der zur Hindenburgstraße abgrenzende Südflügel vollendet, der heute die Schlossparkklinik beherbergt. Die stattliche Militärbäckerei hieß im Volksmund auch „Bäckengrab“. Denn die Ludwigsburger Bäcker, die zuvor der Garnison das tägliche Brot geliefert hatten, waren mit der Brotfabrik des Proviantamts nicht mehr konkurrenzfähig. Nach dem Ersten Weltkrieg wurde das Proviantamt 1922 in Heeresverpflegungsamt umbenannt, ein Teil der Räumlichkeiten diente ab 1938 auch als Heeresbekleidungsdepot. 1945 übernahm die Alliierte Militärregierung das Gelände. Im ehemaligen Verwaltungsgebäude an der Stuttgarter Straße war von 1959 bis 1980 die

Standortverwaltung der Bundeswehr, Außenstelle Ludwigsburg, untergebracht. Der Rest diente bis 1993 weiterhin den Amerikanern, vor allem als Möbellager der US Army. 1994 bis 1998 wurde der gesamte, unter Denkmalschutz stehende Komplex bei Wahrung des Äußeren und räumlicher Grundstukturen umgebaut. So zog in den Nord- und Ostflügel 1996 das nestor Hotel Ludwigsburg, das für den Entreebereich des Hotels eine geschickt sich einfügende moderne Glas-Stahl-Konstruktion erhielt. Hinter den Kasernenfassaden entstand ein modernes 4-Sterne-City-Hotel mit 179 vollklimatisierten Zimmern, zehn Tagungsräumen und Sauna- und Fitnessbereich. Auch Spuren der Geschichte lassen sich hier und da erkennen, so im Mozartsaal, dem großen Tagungs- und Festsaal, in dem über Jahrzehnte das Brot der Soldaten gebacken wurde: Geschichte trifft Gegenwart in einem Haus mit besonderem Flair.

Das nestor Hotel verfügt über das Restaurant Orangerie, dem großen Raum für das Frühstücksbüffet in der ehemaligen Backstube, und das À-la-carte-Restaurant Wintergarten samt vorgelagerter Sommerterrasse. Herr über die Küche ist der aus Niedersachsen stammende Küchenchef Jörg Michael, Jahrgang 1966, der sich schon früh für den Beruf des Kochs begeisterte. Seine Großmutter war ihm Vorbild, mit 14 machte er ein Praktikum in einer Hotelküche, von 1982 bis 1985 die Ausbildung zum Koch in einem großen Hotel in Bad Lauterberg im Südharz. Danach ging er zielstrebig auf Wanderschaft und erklomm Stufe um Stufe imRanggefüge der Küchenhierarchie, arbeitete am eigenen Anspruch, entwickelte den ihm eigenen Perfektionismus. Jörg Michael erkannte schnell, dass seine wahre Liebe der Hotelgastronomie gehört. Nach dem Besuch der Hotelfachschule in Bad Harzburg hatte er seinen Betriebswirt in der Tasche. Stationen seiner Laufbahn waren Zermatt, Bad Gögging, Dresden, Bremen und schließlich München, wo er im Maritim-Hotel zuletzt als Küchendirektor arbeitete. Von dort kam er zum 1. September 2010 ins nestor Hotel nach Ludwigsburg, dessen kurz zuvor angetretener neuer Direktor, sein bester Freund Jörg Grede, ihn aus München loseisen konnte. Die Zusammensetzung der Gäste, die Rahmenbedingungen, das Flair einer Stadt, die Mentalität einer Region, all das bringt immer neue Herausforderungen für den Küchenchef. Ludwigsburg ist nicht München – und umgekehrt. Im Vorfeld wusste Jörg Michael kaum etwas über die Stadt, etwa dass hier das größte Barockschloss in Deutschland steht, und er war erstaunt, was Ludwigsburg doch zu bieten hat und wie wenig die Stadt mit ihren Pfunden wuchert. Im Stadtteil Poppenweiler hat er zwischen Weinbergen eine Wohnung: „Hier ist es wie im Urlaub."

Jörg Michaels Küche ist mediterran-international, hat eine feine schwäbische Abteilung, aber auch asiatische Anklänge, stets ist sie besonders ansprechend und modern angerichtet. „Es gibt auf meiner Karte nichts, was ich nicht selber essen würde." Alle drei Monate verändert er einen Teil der Karte. Kochen ist für ihn Gefühl, wie eine Zeremonie, vieles geschieht mit Intuition. „Wozu habe ich Lust? Kann das passen?" Jörg Michael hat Freude am Experiment, die Qualität der Ausgangsprodukte jedoch ist besonders wichtig.
Und so werden traditionelle Bestandteile der schwäbischen Küche neu kombiniert wie bei der kross gebratenen Zanderraute an Brunnenkresseschaum auf Filderkraut und tournierten Kartoffeln. Im Hinblick auf die Tradition der Militärbäckerei entwickelte Jörg Michael eine eigene Abteilung der Karte zu dem Thema „Laibspeisen aus der Garnisonsbäckerei". Hier hat jedes Gericht einen Brotbestandteil: Die Vorspeise Konfekt von hausgebeiztem Rote-Bete-Lachs mit geröstetem Graubrot und Limetten-Crème-fraîche lässt sich gut mit dem Hauptgang Kaninchenrücken im Tramezzinibrotmantel an Estragon-Senfsoße und Tomaten-Perlgraupenrisotto kombinieren. Für die Zukunft würde Jörg Michael gerne ein eigenes Backhaus aufbauen, um alle Brote selber herzustellen.

Eine hauseigene Brotbackmischung, die Gäste auch erwerben können, gibt es bereits.

Zusammen mit Jörg Grede gibt er zudem ein eigenes kulinarisches Eventmagazin heraus: „Gournesto", in dem Partner des Hotels, Zulieferer und vor allem das vielseitige kulinarische Jahresprogramm vorgestellt werden. Neben dem allsamstäglichen Vier-Gänge-Candle-Light-Dinner im Restaurant Wintergarten und dem Sonntagsbrunch sind es besonders die Küchenpartys, die thematisch durch die Jahreszeiten führen. So werden vor den Augen der Gäste im Reich des blank geputzten Edelstahls mal „Köstlichkeiten rund um den Kürbis", mal „Wilde Spezialitäten aus heimischen Forsten" zubereitet. Themenabende wie „Ganz schön in Schale" oder „Frisch aus dem Kräutergarten" ergänzen das Programm. Um einen gesellschaftlichen Genuss besonderer Art geht es auch bei den regelmäßig über das Jahr angesetzten Dinnerkrimi-Terminen in Zusammenarbeit mit dem „Theater auf Tour in Frankfurt am Main GmbH" unter der künstlerischen Leiterin Pia Thimon. Die staunenden Gäste genießen nicht nur ein mehrgängiges Menü, sondern werden auch Teil einer ebenso unterhaltsamen wie turbulenten Verbrecherjagd mit mindestens einer „Leiche". Die Fälle heißen zum Beispiel „Mord an Bord, Mylord!", ein Royal Navy Dinner bei Admiral Bromstroke am Jahrestag der Schlacht von Trafalgar, oder „Schwarze Nelken für den Don", bei dem ein Versöhnungstreffen der Mafia zur tödlichen Falle für die „ehrenwerte" Gesellschaft wird.

Konfekt von hausgebeizter Entenbrust mit Himbeer-Marinade

Zutaten

für 4 Personen

350 g Brust von der männlichen Barbarieente
50 ml Himbeeressig
500 g grobes Meersalz
3 Scheiben Graubrot
40 ml Sonnenblumenöl
Pfeffer aus der Mühle

... für die Himbeer-Marinade:

50 g tiefgekühlte Himbeeren
1–2 Limetten mit Abrieb
10 ml Himbeeressig
5 ml Balsamico
35 ml Läuterzucker (Zucker und Wasser zu gleichen Teilen)
60 g Crème fraîche
100 ml Gemüsebrühe oder Wasser
Salz, weißer Pfeffer

Schwierigkeitsgrad:
mittel
Zubereitungszeit:
80 Minuten + 36 Stunden Marinierzeit

Entenbrust trocken tupfen, parieren und auf die Arbeitsfläche mit der Fettseite nach unten legen. Himbeeressig in eine handelsübliche Einwegspritze ziehen, mit einer Nadel versehen und die Entenbrust punktuell mit dem Himbeeressig injizieren. Überflüssigen Essig immer wieder mit einem Papiertuch abtupfen. Fettseite mit Pfeffer würzen. Meersalz in ein verschließbares Gefäß füllen und die Entenbrust mit der Pfeffer/Fettseite nach oben auf das Salz legen. Entenbrust mit einem Tuch abdecken. Das Gefäß verschließen und überschüssige Luft entweichen lassen.

Für ca. 24–36 Stunden kühl stellen, die Brust nach ca. 12 Stunden wenden.

Brot in 1 cm dicke Scheiben und die Scheiben in Würfel (Kantenlänge 3 cm) schneiden. Im Sonnenblumenöl von beiden Seiten anbraten und etwas salzen. Abkühlen lassen. Die Entenbrust ebenfalls in Würfel mit einer Kantenlänge von 3 cm schneiden und auf das Brot setzen.

Himbeeren und Läuterzucker mit einem Pürierstab mixen und evtl. mit Brühe oder Wasser verdünnen. Passieren und mit Himbeeressig, Balsamico, Salz und weißem Pfeffer würzen. Die Crème fraîche unterheben. Mit Limettensaft abschmecken. Das Entenbrustkonfekt mit der Marinade garnieren.

Wirsingroulade mit Maronenfüllung auf Wildem Reis und Thymiansoße

Zutaten
für 4 Personen

4 mittelgroße Wirsingblätter
500 g gegarte Maronen
(z. B. von Ponthier)
1 Stange Staudensellerie
1 Karotte
1 Zwiebel
100 g Butter
50 ml Sahne
100 ml Gemüsefond
20–30 g Zucker
5–6 Zweige Thymian
(fein gehackt)
Salz, Pfeffer

... für die Thymiansoße:

200 ml Sahne
50 ml Gemüsefond
30 ml Weißwein
30 g kalte Butter
5–6 Zweige Thymian
(fein gehackt)
Salz, Pfeffer, Zucker

... für den Reis:

320 g Wilder Reis
1,3 l Wasser oder Gemüsebrühe
Salz

Schwierigkeitsgrad:
mittel
Zubereitungszeit:
1–1¼ Stunden

Den Reis in sprudelndem Salzwasser 5 Minuten kochen, von der Kochstelle nehmen und mit geschlossenem Deckel an einem warmen Ort ca. 40 Minuten gar ziehen lassen, bis etwa die Hälfte der Reiskörner aufgeplatzt sind.

Staudensellerie, Karotten und Zwiebeln schälen und in feine Würfel schneiden. Die gegarten Maronen klein hacken und zusammen mit dem Sellerie, den Karotten und den Zwiebeln in der Hälfte der Butter anschwitzen. Mit Zucker bestreuen und kurz glasieren. Mit Salz und Pfeffer würzen und mit Gemüsefond und Sahne auffüllen. Etwa 10 Minuten leicht köcheln lassen und mit einem Stabmixer pürieren. Fein gehackten Thymian dazugeben und durchrühren.

Die Wirsingblätter in sprudelndem Salzwasser blanchieren und kalt abschrecken. Harte Herztriebe ggf. herausschneiden. Die Blätter trocken tupfen, mit der Maronenmasse füllen und einschlagen. Rouladen in restlicher Butter von allen Seiten anbraten, mit Gemüsefond ablöschen und im Backofen bei ca. 160 °C etwa 15 Minuten schmoren.

Für die Soße den gehackten Thymian in Butter anschwitzen und mit der Sahne ablöschen. Reduzieren lassen, bis die Sahne eindickt. Mit etwas Gemüsebrühe und Weißwein auffüllen und mit Salz, Zucker und Pfeffer würzen. Kalte Butter in kleine Stücke schneiden, in die Soße geben und mit einem Stabmixer montieren.

12,5% vol

Lauwarmer Kürbiskuchen mit kandierten Kürbiskernen und Kürbissabayon

Zutaten
für 4 Personen

250 g Hokkaidokürbis geraspelt
125 g gemahlene Haselnüsse
100 g weiche Butter
50 g Waldhonig
75 g Zucker
50 g Mehl
½ TL Backpulver
½ Zimt
2 Eigelb
2 Eiweiß

… für die Kürbiskerne:

80 g Kürbiskerne
80 g Zucker

… für die Sabayon:

1 Eigelb
50 ml Zucker
60 ml trockener Weißwein
30 ml Kürbiskernöl
Mark einer halben Vanilleschote

Schwierigkeitsgrad:
anspruchsvoll
Zubereitungszeit:
60 Minuten + 70 Minuten Backzeit

Butter, 50 g Zucker, Honig und Eigelb verrühren. Das geraspelte Kürbisfleisch unterrühren, dann Nüsse, Zimt, Mehl und Backpulver dazugeben. Eiweiß mit dem restlichen Zucker steif schlagen und vorsichtig unter den Teig heben. Backofen auf 175 °C vorheizen und den Kuchen ca. 70 Minuten backen. Abkühlen lassen und portionieren.

Zucker in einer Pfanne karamellisieren und die Kürbiskerne dazugeben. Gut durchrühren und auf einer Platte erkalten lassen. In Stücke brechen und anrichten.

Für die Sabayon Eigelb und Zucker über dem Wasserbad schaumig schlagen, dabei das Kürbiskernöl langsam einfließen lassen. Weißwein und Vanillemark leicht erwärmen und zur Sabayon geben, bis die gewünschte Konsistenz erreicht ist.

nestor Hotel Ludwigsburg / Restaurant Wintergarten

Anspruchsvolle mediterran-internationale Küche

Inhaber: Axel Mehn
Direktor: Jörg Grede

Stuttgarter Straße 35/2 · 71638 Ludwigsburg
Telefon 07141 / 967-185 · Fax 07141 / 967-113
E-Mail restaurant.ludwigsburg@nestor-hotels.de
www.nestor-hotel-ludwigsburg.de

Öffnungszeiten

Montag bis Samstag von 12.00 bis 14.30 Uhr und von 18.00 bis 22.30 Uhr
Sonntag von 18.00 bis 22.30 Uhr

Gut zu wissen

70 Sitzplätze
Außenbereich mit 90 Sitzplätzen
Mittagstisch
Parken: 80 Hotelparkplätze (Restaurantbesucher können hier kostenlos parken)

Kommissbrot und Fleischextrakt – Essen in der Garnison

Für die einfachen Soldaten war gutes Essen schon immer wichtig, bekamen sie doch mit Hinweis auf freie Verpflegung und Unterkunft deutlich geringeren Lohn als in vielen zivilen Berufen. So standen den württembergischen Soldaten beispielsweise im Jahre 1870 pro Tag 750 g Brot, 500 g Feld- oder 400 g Eierzwieback für Frühstück, Mittag- und Abendessen zu. Hinzu kamen jeden Tag 375 g frisches oder gesalzenes Fleisch, ersatzweise 250 g geräuchertes Fleisch oder 170 g Speck. An Gemüse wurden 250 g Erbsen, Bohnen oder Linsen ausgeteilt, stattdessen aber auch 125 g Reis, Graupen, Grütze oder Gries. Alternativ standen Kartoffeln auf dem Plan, schließlich noch 25 g gebrannte Kaffeebohnen, 25 g Salz und Gewürze. Die Kantinen in den Ludwigsburger Kasernen bereiteten daraus ein Frühstück bestehend aus Kaffee, Brot und Mehlsuppe mit Milch und Grütze zu. Ein typisches Mittagessen bestand beispielsweise aus Blaukraut mit Klößen und Schweinefleisch oder Erbsen mit Sauerkohl und Schweinefleisch. Für das Abendessen waren wieder Brot, Wurst und Kaffee vorgesehen. Ins Auge fällt der hohe Fleischanteil am Essen, besonders vor dem Hintergrund, dass Fleisch recht teuer war und in vielen ärmeren Familien zu dieser Zeit keineswegs täglich auf den Teller kam. Tatsächlich war auch die Verpflegung der Soldaten gewissen Moden unterworfen, und um 1870 galt Fleisch als das geeignetste Nahrungsmittel, um „müde Krieger" nach anstrengenden Märschen körperlich schnell wieder zu regenerieren. Außerdem war man der Ansicht, dass Fleisch im Kriegsfalle leichter zu beschaffen wäre als andere Lebensmittel, und man versuchte, die Soldaten bereits im Frieden daran zu gewöhnen. In den Folgejahren gab es auch wiederholt Versuche mit Fleischextrakten oder Fleischmehl, das durch Wasserzugabe wieder in eine essbare Form gebracht wurde. Dessen Haltbarkeit war ein klarer Vorteil, aber die Soldaten beschwerten sich regelmäßig über diese Experimente, und so kam man wieder davon ab.

Brot wurde in der Regel nur alle vier Tage ausgegeben. Die Soldaten verkauften überschüssiges Brot an die Bevölkerung oder an Gaststätten, was immer wieder zu Klagen der Bäcker in Ludwigsburg führte. Nach Schätzungen der Ludwigsburger Bäckerinnung brachten die Soldaten der Garnison 1896 pro Woche rund 14.000 Brotlaibe außerhalb der Kasernen in Umlauf. Allein die Soldaten des Infanterie-Regiments „König Wilhelm I." Nr. 124 sollen damals alle vier Tage 705 Brote an private Haushalte verkauft haben. Die lokalen Bäcker hatten sowieso ihre liebe Not mit der Militärbäckerei, die im zwischen 1874 und 1895 errichteten Proviantamt in der Stuttgarter Straße 35 untergebracht war. Diese hatte den Spitznamen „das Bäckengrab", da die Bäcker, die zuvor der Garnison das Brot lieferten, mit der Brotfabrik des Proviantamts preislich nicht mithalten konnten. Das württembergische Kommissbrot unterschied sich übrigens in der Zusammensetzung deutlich von der preußischen Variante. Ersteres bestand aus einem Drittel Roggen- und zwei Dritteln Weizenmehl, während letzteres zu 100 % aus dem billigeren Roggenmehl gebacken wurde. Versuche, das preußische Brot einzuführen, scheiterten am Widerstand der württembergischen Regimenter und führte 1879 sogar zu einer Parlamentsdebatte im Stuttgarter Landtag. Gemüse war relativ teuer und in den benötigten Mengen oftmals schwer zu beschaffen, sodass sich das Gewicht der ausgegebenen Portionen das Jahr über immer wieder änderte. In der heißen Jahreszeit gab es öfter Probleme mit verdorbenen Lebensmitteln, vor allem mit Wurstwaren. So ließ das Ulanen-Regiment „König Karl" Nr. 19 im August 1899 eine Lieferung an den Metzger Pfleiderer zurückgehen. Eine Untersuchung des Proviantamts ergab jedoch, dass das Regiment am schnellen Verderb selbst schuld war, weil es die Würste nicht kühl genug gelagert hatte.

Auf religiöse Speisevorschriften wurde in gewissem Maße Rücksicht genommen. Jüdische Soldaten durften sich zwar keine koscheren Lebensmittel in die Kaserne bringen lassen, konnten sich aber vom Kantinenzwang befreien lassen und die Mahlzeiten zu Hause oder in einer Gaststätte einnehmen, mussten diese Ausgaben aber aus eigener Tasche bestreiten. Orthodoxe Juden verpflichteten sich

Die in Ludwigsburg stationierten Soldaten verkehrten gerne in den zahlreichen Gaststätten der Stadt. Zum Beispiel in der „Kanone" in der Karlstraße 16.

daher oftmals freiwillig auf drei anstelle von zwei Jahren Militärdienst, da dann die Möglichkeit bestand, den Dienst in einer Stadt mit einer orthodoxen Gemeinde abzuleisten und sich dort koscher verpflegen zu lassen. Eine weitere Option war die Ableistung des Wehrdiensts als „Einjährig-Freiwilliger". Dies war nur für Wehrpflichtige möglich, die mindestens die Mittlere Reife hatten und bedeutete, dass die Dienstzeit auf ein Jahr verkürzt war, der Soldat sich jedoch auf eigene Kosten ausrüsten und verpflegen musste. Fast jeder zweite Rekrut jüdischen Glaubens trat damals als „Einjährig-Freiwilliger" in die Armee ein.

Die Offiziere mussten im Gegensatz zu den Mannschaften direkt für ihre Verpflegungskosten aufkommen. Bis 1871 saßen die Offiziere, die keinen Dienst hatten, bei „Frühmessen" oder „Abendzusammenkünften" in den Ludwigsburger Wirtschaften. Das erste Offizierskasino wurde damals für die Artillerieoffiziere in der Stuttgarter Straße 12 eingerichtet, es folgten 1874 die Dragoner am Karlsplatz, 1891 das Trainbatallion (für Transport des Nachschubs zuständig, in der Königsallee 57), 1892 das Kasino für die Infanterieoffiziere (Arsenalplatz 2, 1945–1973 war dort ein Kasino der US Army untergebracht, eine der Geburtsstätten des Rock'n'Roll in Ludwigsburg), 1895 das für die Ulanen (Uhlandstraße 33, ab 1914 in der Bismarckstraße 24) und 1914 das Dragonerkasino (Kurfürstenstraße 22). Letzteres wurde wegen des Kriegsausbruchs 1914 gar nicht mehr eingeweiht und anderweitig genutzt. Bis 1994 war hier das Kreiswehrersatzamt untergebracht. Der Speiseplan eines Offizierskasino konnte beispielsweise in den 1880er Jahren wie folgt aussehen: Reissuppe, Rindfleisch, Linsen oder geriebene Teigsuppe, Rindfleisch, gelbe Rüben. An hohen Festtagen konnte das Essen auch üppiger ausfallen: Bouillon, Pasteten, Rinderfilet, Hummer, Poularde, Salat, Spargel, Gelée Moscovite (ein zeitgenössisches Dessert aus geliertem Fruchtsaft mit Wein), Käse.

In seinen Erinnerungen beschrieb der damalige Regimentsadjutant und spätere Reichswehrminister Wilhelm Groener (1867–1939) anlässlich der Einweihung des Infanteriekasinos die folgende Anekdote: „Wir hatten vom Herzog Nikolaus von Württemberg einen schönen silbernen Pokal bekommen, der ein stattliches Maß – fast eine Flasche Sekt – faßte. Der König [Wilhelm II.] ließ ihn sich füllen, brachte ein Hoch auf das Regiment aus und leerte ihn in einem Zuge bis auf die Nagelprobe. Dann forderte er den Regimentskommandeur zu gleichem auf, der aber mußte darum bitten, die Hilfe seiner Stabsoffiziere beanspruchen zu dürfen. Wir Leutnants standen im Kreise umher, bewunderten den König und sagten uns: ‚So was muß eben geübt werden', zogen uns ins kleine Speisezimmer zurück, wo nun ein gewaltiges ‚Üben' anhob, in das wir auch den Leibjäger des Königs verwickelten. Als der König am Abend aufbrach, war ihm nicht die Spur der vollbrachten Leistung anzumerken, während der Leibjäger nur noch mit größter Mühe seinen luftigen Sitz auf dem Wagen erreichte – und, wie die Königin später erzählte, beim Eintreffen in Marienwahl den Sprung vom hohen Bock nicht mehr fertigbrachte, sondern steif wie ein Besenstiel sitzenblieb."

Post-Cantz

Regionale Genüsse in der alten Posthalterstation

Koch mit Leib und Seele: Peter Buhl

„Hier kocht der Chef" – ein kleines Schild am Durchgang zur Küche verrät es – und das bald vier Jahrzehnte lang und immer noch mit Begeisterung, was man erfährt, wenn man mit Peter Buhl spricht. Ein dreiviertel Jahrhundert ist die Familie Buhl mit dem Gasthaus Post-Cantz in der Eberhardstraße verbunden. Auch Peter Buhl wohnt im Haus. Als Sechsjähriger hatte er schon ab und an in der Wirtschaft seiner Eltern ausgeholfen und die besten Flädle ausgebacken, woran sich jüngst eine der ehemaligen Bedienungen erinnerte. 1958 geboren, gab es für Peter Buhl nach der Mittleren Reife nur zwei Möglichkeiten: Koch oder Bäcker. Aber als Bäcker muss man so früh aufstehen. Peter Buhl machte seine Ausbildung im Hotel Krone in Bad Liebenzell, arbeitete zeitweise im ehemaligen Stuttgarter Sternelokal Alte Post, stieg bei seinem Vater Oskar Buhl mit ein, der bereits 1969 die Gaststube hatte umbauen lassen. Viel helles Holz im Landhausstil, ein grüner Kachelofen und eine schwere Eichenholzdecke kamen hinein, und der Vater meinte damals zu seinem Sohn: „Junge, da brauchst du dir keine Gedanken zu machen, das Holz hebt dich auch noch aus."

Historische Fotos an der Wand hinter dem Stammtisch verraten, wie schlicht und bodenständig es einmal früher in der Post-Cantz ausgesehen hat. Im späten 19. Jahrhundert war hier die Posthalterei, die den Postverkehr zwischen Marbach und Schorndorf abzudecken hatte. Zum Haus gehörte eine eigene Schmiede, und noch heute gibt es alte Pferdeboxen über dem Hof. Das Gebäude selbst ist jedoch bedeutend älter. Bis 1825 hieß die Eberhardstraße noch Beckengasse. Sie zählt in Anlage und Bebauung zu den ältesten Teilen der von Frisoni ab 1715 geplanten Ludwigsstadt. Hier lebten ursprünglich finanzkräftige Handwerker wie Metzger, Sattler, Schreiner und Gastwirte, die sich hier wie auch am Holzmarkt und am Kaffeeberg niedergelassen hatten. Eine stattliche Zahl von Häusern aus dieser frühen Phase, natürlich mit späteren Umbauten, ist bis heute erhalten. Das Haus Eberhardstraße 6 wurde 1724/1725 zusammen mit dem südlichen Nachbarhaus Nr. 4

als herrschaftliches Wohnhaus für einen Obersten von Eichelberg erbaut. Der zweigeschossige Putzbau mit Zwerchhaus erreichte laut den alten Akten die stattliche Länge von 67 Schuh entlang der Beckengasse. Es gab natürlich einen gewölbten Keller, eine gemeinsame Einfahrt mit dem Anwesen der Fahrkutscherwitwe Lachenmayer, Stallungen und daneben ein Gärtchen. Um 1800 teilten sich zwei Besitzer das Anwesen: Die Witwe des Sattlers Riekhert betrieb einen Weinausschank und war somit die erste Wirtin. Sie verkaufte ihre Hälfte für 6.800 Gulden an den Metzger Ludwig Hanf, dem 1842 Johann Michael Schweizer, Metzger und Wirt, folgte. Seine Erben verkauften später das Anwesen für 11.480 Gulden an den Metzger Heinrich Rupp, der 1867 starb. Seine Witwe heiratete bereits im Jahr darauf den Metzger Friedrich Canz. Er betrieb die Wirtschaft mit Erfolg und wurde um 1870 auch Posthalter. Vor der Wirtschaft in der Eberhardstraße stand nun öfter die schwarz-gelbe Postkutsche, und im Hinterhof wurden die Pferde versorgt.

Um ihn von seinem unmittelbaren Nachbarn, dem Metzger Karl Canz, Eberhardstraße 8, zu unterschieden, bürgerte sich in Ludwigsburg bald der Name „Post-Canz" ein. Friedrich Canz starb 1884. Noch acht weitere Jahre führte seine Witwe das Geschäft weiter und übergab es dann ihrem Sohn aus erster Ehe, Albert Rupp. Nach dessen Tod 1899 übernahm seine Witwe die Wirtschaft. Aber auch der einzige Sohn des Friedrich Canz, Otto Canz, betätigte sich im väterlichen Hause und konnte bereits 1900 die Wirtschaft samt Posthalterei fortführen. Er fügte, aus welchem Grund auch immer, das „t" in den Familiennamen ein. Otto Canz starb im Ersten Weltkrieg 1917, und etliche andere Wirte folgten. 1936 schließlich kaufte Otto Buhl das Anwesen. 1959 übernahm sein Sohn Oskar Buhl das Gasthaus und machte aus der einfachen Wirtschaft ein angesehenes Ludwigsburger Restaurant. Prominente Gäste kamen, ein Bild zeigt Oskar Buhl mit Fußballlegende Fritz Walter.

Anfang der 1970er Jahre wurde hier mehrfach für das Dritte Fernsehprogramm des SDR „Der Bruddler" mit Werner Veidt am Ofentisch aufgenommen. Bei „Wer dreimal lügt" gab die Post-Cantz die Kulisse für die Folge, in der dem staunenden Publikum als neueste Errungenschaft ein „Instant-Trollinger" angepriesen wurde: „Heut möchte ich es ein bisschen stärker, so Richtung Lemberger", also rührte man einfach noch einen weiteren Löffel unter. Auch das spanische Fernsehen kam einmal, um zu drehen, wie in Deutschland eine Weihnachtsgans zubereitet wird. Der allseits geschätzte Oskar Buhl gehörte 1980 auch zu den Mitbegründern der jeweils im August stattfindenden Ludwigsburger Weinlaube, eine Tradition, die auch der Sohn fortsetzt, der seit 1985 das

Gasthaus führt. Früher, so erinnert sich Peter Buhl, war die Post-Cantz ein rein schwäbisches Vesperlokal, viel mehr Wein wurde damals getrunken. Dazu gab es vor allem Bratwürte, Linsen und Spätzle, saure Nierle, Rahmschnitzel und als Krönung des Luxus den Rostbraten.

Auch heute finden sich viele regionale Spezialitäten auf der Karte, natürlich hausgemachte Maultaschen, auch schon mal nach Gutsherrenart mit Schinken und Käse überbacken, Schweinenierle „sauer" in Himbeeressigsoße mit Röstkartoffeln und Gaisburger Masch, geschmälzt als Tellerportion oder in der Suppenterrine. Peter Buhl selbst schätzt ein gutes Schnitzel mit Zitrone und eigenem Kartoffel-Gurkensalat allemal. Seit er kocht, gibt es aber auch frischen Fisch. Seine Regionalküche ist leicht, unverkrampft. Das traditionelle Angebot wird neu durchdacht. Er hat ein Auge auf regionale Nachhaltigkeit: Das Lamm kommt von der Alb, das Schweinefleisch ist schwäbisch-hällisch und Gemüse und Salat bezieht er von einem Bauern aus dem Ludwigsburger Stadtteil Neckarweihingen. Rehschnitzele reicht Peter Buhl mit Kräuterpfifferlingen, Haselnuss-Spätzle und Preiselbeeren, als Vorspeise gibt es auch schon mal ein Schwarzwurst-Carpaccio an Gurken-Zwiebel-Vinaigrette mit Kartoffelgröstl. Die Weine kommen mit ganz wenigen Ausnahmen aus Württemberg, im Bierbereich ist die Familie seit 1918 mit dem Stuttgarter Schwabenbräu verbunden.

Peter Buhl sieht sein Haus für jeden offen. Er hat viele Stammgäste, zu denen honorige Ludwigsburger, vom Handwerk über die Bürgermeister bis zur Filmakademie, genauso gehören wie prominente Gäste. Harald Schmidt war schon hier, ebenso Gerhard Schröder, den die Buchhandlung Aigner einmal für eine Veranstaltung nach Ludwigsburg geholt hatte. Und im Anschluss gab es Gäste, die fragten: „Wo hat er denn gesessen?" Auch der Bundespräsident Horst Köhler kehrte zum Hochzeitstag im engsten Familienkreis hier ein und schrieb ins Gästebuch: „Die schwäbische Küche hat das gute Heimatgefühl perfekt gemacht." Die Ludwigsburger selbst, so beschreibt es Peter Buhl, seien in den letzten Jahrzehnten etwas lockerer geworden. Zum Lachen habe man früher (im übertragenen Sinne) den Rollladen runter gemacht. In der Post-Cantz, auf jeden Fall, da ist gut sein, hier erlebt der Gast ein echtes Stück Ludwigsburger Gastronomietradition.

Oskar Buhl mit Fußballlegende Fritz Walter (2. v. r.)

Neckarweihinger Ackersalat

mit warmem Räucherforellenfilet

Zutaten
für 4 Personen

4 Räucherforellenfilets
200 g Ackersalat
je 4 Kirschtomaten, Radieschen und weiße Champignons
¼ l Gemüsebrühe
100 g mehlig kochende Kartoffeln
3 EL Weinessig
8–9 EL Rapsöl
1 Msp. Dijonsenf
Meersalz, Zucker, Pfeffer aus der Mühle
je 1 Bund Dill und Schnittlauch
1 Zitrone
etwas Meerrettich

Schwierigkeitsgrad:
mittel
Zubereitungszeit:
45 Minuten

Kartoffeln waschen, schälen, in Salzwasser gar kochen, abkühlen lassen und würfeln.

Salat gut waschen und trocknen. Backofen auf ca. 150 °C vorheizen. Kirschtomaten vierteln, Radieschen und Champignons in feine Scheiben schneiden, Schnittlauch hacken und Dill abzupfen und in einer Schüssel vermischen.

Gemüsebrühe erhitzen und gemeinsam mit den Kartoffelwürfeln, dem Essig, Zucker, Salz, Pfeffer und Senf in einen Mixbecher geben. Gut durchmixen, das Öl langsam unterrühren und abschmecken.

Die Forellenfilets für wenige Minuten im vorgeheizten Ofen erwärmen. Salat und Filets auf Tellern anrichten und die Soße darübergeben.

Zutaten
für 4 Personen

600 g Rinderfilet vom Mittelstück
200 g frische, geputzte Pfifferlinge (oder sorgsam aufgetaute Tiefkühlpfifferlinge)
50 g frische Kräuter (Petersilie, Basilikum, etwas Estragon)
20 g Butterschmalz zum Braten des Filets
20 g Butter zum Braten der Pilze
250 ml Fleischbrühe
125 ml trockener Weißwein
125 ml Sahne
Salz, Pfeffer aus der Mühle
1 Spritzer weißer Balsamico

... für die Spätzle:

8 Eier
ca. 300 g Spätzlemehl
Salz, Öl

Schwierigkeitsgrad:
mittel
Zubereitungszeit:
80 Minuten

Schlachtbraten mit Pfifferlingen, Kräutersößle und Spätzle vom Brett

Backofen auf 80 °C vorheizen. Das Filet in Butterschmalz ca. 10 Minuten rundum anbraten, aus der Pfanne nehmen und fest in Alufolie wickeln. Rund 10 Minuten ruhen lassen, dann auf ein Blech legen und für ca. 50 Minuten in den Backofen geben. Bei Verwendung eines Garthermometers: Das Fleisch sollte im Kern eine Temperatur von 65 °C haben.

Den Bratensatz mit der Fleischbrühe und dem Weißwein ablöschen und etwas einkochen lassen. Die Sahne dazugießen und erneut etwas einreduzieren. Warm stellen.

Die Kräuter fein hacken. Pfifferlinge in Butter anbraten. Kräuter dazugeben und die Soße darüberpassieren. Mit Salz, Pfeffer und Balsamico abschmecken.

Für die Spätzle die Eier in einer Schüssel aufschlagen, etwas Salz dazugeben und gerade so viel Mehl unterkneten, dass ein geschmeidiger, zähflüssiger Teig entsteht. Ein paar Tropfen Öl unterrühren und ca. 15 Minuten ruhen lassen. Den Teig durch eine Spätzlepresse drücken oder vom Brett in kochendes Salzwasser schaben.

Das Filet aus dem Ofen nehmen und die Folie entfernen. Mit Salz und Pfeffer würzen und in Scheiben schneiden.

Weintipp:

Trockener Spätburgunder
3 Stern, Weingut Dautel

Gefüllte Apfelküchle

Zutaten
für 4 Personen

2–4 leicht säuerliche, nicht mehlige Äpfel
etwas Mehl zum Bestäuben
Zimtzucker
Puderzucker
30 g helle Sultaninen
50 g Marzipanrohmasse
1 EL Strohrum
200 g Mehl
ca. 250 ml Milch
3 Eigelb
3 EL Zucker
etwas geriebene Zitronenschale
natürliches Vanillearoma
100 g Butterschmalz zum Ausbacken der Küchle

Schwierigkeitsgrad:
einfach
Zubereitungszeit:
15 Minuten

Sultaninen in Strohrum und Wasser einweichen – am besten etwas erhitzen, dann werden sie schön weich.

Eier trennen. Mehl und Zucker mischen und langsam so viel Milch unterrühren, dass ein glatter, nicht zu flüssiger Teig entsteht. Eigelb, Zitronenschale und ein paar Tropfen Vanillearoma unterheben. Die eingeweichten Sultaninen mit der Marzipanrohmasse vermengen.

Äpfel schälen und das Kerngehäuse – am besten mit einem Ausstecher – entfernen. In ca. 1 cm dicke Scheiben schneiden und die ausgestochenen Kreise mit der Marzipanmischung füllen. Mit Mehl bestäuben und vorsichtig durch den Teig ziehen. Im Butterschmalz knusprig ausbacken, in Zimtzucker wälzen, anrichten und mit Puderzucker bestäuben. Dazu passt feines Vanilleeis.

Restaurant Post-Cantz

Schwäbische Traditionsküche – kreativ verfeinert

Inhaber: Peter Buhl

Eberhardstraße 6 · 71634 Ludwigsburg
Telefon 07141 / 92 35 63 · Fax 07141 / 90 56 07
E-Mail info@post-cantz.de
www.post-cantz.de

Öffnungszeiten

Freitag bis Dienstag
von 11.30 bis 14.30 Uhr und von 17.30 bis 23.00 Uhr

Gut zu wissen

90 Sitzplätze
Mittagstisch
1 Nebenzimmer mit 40 Sitzplätzen
Parken: Öffentliche Parkplätze und -Garagen in unmittelbarer Nähe

Brauerei zum Rossknecht

Herzhaft-Regionales in urigem Ambiente

Führt den Rossknecht seit 1998: Braumeister Andreas Rothacker

Die Brauerei zum Rossknecht befindet sich in einem Haus mit Geschichte. Das repräsentative, zweiflügelige Gebäude Reithausplatz 21, in Eckstellung zur Oberen Reithausstraße gelegen, ist das Stammhaus der bekannten Ludwigsburger Baumeisterfamilie Baumgärtner, die über fünf Generationen das Stadtbild von Ludwigsburg mitgeprägt hat. 1755 hatte der Zimmermann Johann Georg Baumgärtner, der bald darauf an der Errichtung der Stadtmauer und der Torhäuser beteiligt war, das Bürgerrecht erhalten. 1763 baute er das Haus am Reithausplatz. Sein Sohn Johann Heinrich brachte es bis zum Hofwerkmeister, der eng mit Hofbaumeister Nikolaus von Thouret zusammenarbeitete. Thouret war auch Lehrmeister von Andreas David Friedrich Baumgärtner dem Älteren, Maurermeister, ab 1817 Bauamtsaufseher über die königlichen Gebäude, Stadtwerkmeister und wie sein Vater Stadtrat. Friedrich Baumgärtner der Jüngere hatte unter anderem eine Professur an der Baugewerbeschule in Stuttgart inne und vertrat Ludwigsburg ab 1871 im Württembergischen Landtag. Sein jüngerer Bruder Paul hatte 1862 nach dem Tod des Vaters das Geschäft am Reithausplatz übernommen und zahlreiche Wohnhäuser und Fabriken in Ludwigsburg errichtet. Dessen Sohn Fritz (1861–1928), zeitweise Gemeinderat und Kommandant der Feuerwehr, führte nach dem frühen Tod des Vaters das Geschäft erfolgreich weiter. 1888/89 ließ er das Stammhaus umbauen. Aus dieser Zeit stammt die spätklassizistische Fassade mit dem großen Zwerchhaus über der Eingangsseite samt Portalrahmung und Freitreppe. Fritz Baumgärtners Bauten sind nach 1900 vom Jugendstil geprägt, so auch seine eigene Villa aus dem Jahr 1907 in der Oberen Reithausstraße 22. 1917 verkaufte er sein Anwesen und das Baugeschäft am Reithausplatz an seinen Vorarbeiter Josef Heider.

Die Hausbrauerei zum Rossknecht steht in der Tradition alter Stadtbrauereien in Ludwigsburg. Dort wo Soldaten und Bürger beisammen waren, gab es genügend Bedarf an Bier und somit reichlich Arbeit für Brauereien. Die erste Konzession wurde 1722 an Johann Jakob Mörgenthaler erteilt, der ein Jahr später als Kronenwirt in den Urkunden erwähnt wird. Johann Michel Stenglen, Biersieder aus Tübingen, begann im Sommer 1729 mit dem Brauen. Ein Jahrhundert später, 1828, gab es acht Brauereien in der Stadt, vier davon waren Brauereiwirtschaften mit eigenem Ausschank: die Krone, die Kanne, das Englische Haus und der Grüne Baum. Um 1850 waren es dann zwölf Betriebe mit Braurecht, die höchste bekannte Zahl in Ludwigsburg. An Wirtshausschildern waren der Adler, der Karpfen und der Stern hinzugekommen. Mit dem Aufkommen der industriellen, chemisch-technischen Bierbrauerei Ende des 19. Jahrhunderts drängten immer mehr überregionale Anbieter auf den Markt, die alteingesessenen Brauereien schlossen nach und nach. 1917 waren es noch drei, am Ende der Weimarer Republik nur die Brauerei und Gaststätte Körner in der Schützenstraße, die letztmals 1934 im Adressbuch auftaucht.

Die Brauerei zum Rossknecht setzt seit ihrer Gründung 1989 ganz auf die traditionelle Handwerkskunst der Bierbrauerzunft. Zwei Brauer und ein Auszubildender arbeiten nach dem deutschen Reinheitsgebot von 1516. Seit 1998 ist der aus einer alteingesessenen Ludwigsburger Familie stammende Braumeister Andreas Rothacker Eigentümer der Brauerei zum Rossknecht. Seine Verbundenheit mit dem Metier zeigt sich auch in seiner Mitgliedschaft im BierConvent International e.V., einer Bruderschaft mit rund 270 Mitgliedern aus 20 Ländern, die in leitender Stellung oder selbstständig sind und sich dem 7.000 Jahre alten Kulturgetränk Bier widmen.

Drei hausgebraute Biersorten hat der Rossknecht ständig im Programm. Neben einem Pils (Lagerzeit ca. vier Wochen) und einem Weizen (Lagerzeit ca. drei Wochen) gibt es eine saisonal wechselnde Bockbierspezialität, die von süffig-rot über rauchig-herb bis bock-stark reicht und immer nur begrenzte Zeit zum Ausschank kommt. Alle Sorten sind unfiltriert, sodass sowohl die Hefe als auch andere Schwebstoffe sowie Vitamine im Bier erhalten bleiben und für einen unverfälschten, frischen Geschmack sorgen. Die Biersorten werden den Gästen nicht nur in

Ludwigburg und seit 2002 auch im Rossknecht im Schloss in Bietigheim serviert, sondern für die Mitnahme auch in Bügelflaschen, Glassiphons und in Fässern von fünf bis 50 Litern abgefüllt. Besonders beliebt sind die historisch gestalteten Bügelflaschen. Bis 2010 wurden insgesamt 28.000 solcher Flaschen abgegeben.

Imposante Sammlung: Mehr als 12.000 Bierdeckel zieren die Decke im Rossknecht – der älteste stammt aus dem Jahr 1926.

Im gemütlichen, im Biedermeierstil eingerichteten Braustübl am Reithausplatz hat die Stammkundschaft eigene Krüge. An den Tischen wird Kommunikation großgeschrieben, dazusetzen ist ausdrücklich erwünscht. Die schön gestalteten Räume in der Gaststätte tragen urtümliche Namen wie Gegentheke oder Schwemme, Hopfenstüble und Braumeisterstube und wurden 1989/90 von einem Nürnberger Schreiner mit viel Holz aufwendig eingerichtet. Man entdeckt Trinksprüche wie „Freibier gibt's morgen" oder „Im Himmel gibt's kein Bier, darum trinken wir es hier". Doch auch die Weinkenner kommen zu ihrem Recht. Wer im Rossknecht einen edlen Rebensaft trinken will, bekommt Weine vom Weingut Wangler in Abstatt (Landkreis Heilbronn) kredenzt. Natürlich kommt auch das leibliche Wohl nicht zu kurz. Die Gäste finden auf der Speisekarte hauptsächlich regionale schwäbische Küche wie hausgemachte Spanferkelsülze, Käsespätzle, Rostbraten, Biergulasch oder verschiedene Pfannengerichte wie Brauerpfanne, Fuhrmanns- oder Kutscherpfanne, Sattler- oder Meisterpfanne, immer serviert in gusseisernen Kochgeschirren. Auch Flammkuchen und Vesper werden gereicht, dazu saisonale Gerichte, z. B. Wild in der Winterzeit. Andreas Rothacker setzt auf qualitativ hochwertige Produkte aus dem Ländle, das Qualitätssiegel „Schmeck den Süden – Baden-Württemberg" hat den Rossknecht darum mit zwei Löwen ausgezeichnet.

Die Brauerei Rossknecht bietet ihren Gästen jedes Jahr fünf feste Musikveranstaltungen, vom Altweiberfasching bis zum Jazz-Frühschoppen am 2. Weihnachtsfeiertag. Außerdem veranstaltet sie die Ludwigsburger Brautage, die jeweils im Mai gleichzeitig zum Ludwigsburger Pferdemarkt stattfinden. Auf dem zum großen Biergarten umgestalteten Rathausplatz schenkt der Rossknecht sein Maibock-Bier aus. Seit 2010 gibt es im Sommerhalbjahr einen schön gestalteten Biergarten mit rund 120 Plätzen über der Straße auf dem Reithausplatz, beschattet von alten Platanen. Im Hintergrund plätschert ein alter Brunnen aus dem Jahr 1817, der 1974 nach Abschluss des Baus des Marstall-Centers hierher versetzt worden war. Daneben bietet Andreas Rothacker einen Catering-Service für Firmen- und private Veranstaltungen oder Straßenfeste an. Für Großveranstaltungen liefert die Brauerei ihre Bierspezialitäten auf Wunsch auch in Tanks im hauseigenen Biermobil.

Kartoffelsuppe

Zutaten
für 4 Personen

200 g geschälte Kartoffeln
1 Zwiebel
60 g Lauch
60 g Karotten
60 g Sellerie
1 l Rinderfond
100 ml Sahne
2 EL frische Petersilie
1 EL Butter
1 EL Majoran
Salz, Pfeffer, Muskat

Schwierigkeitsgrad:
einfach
Zubereitungszeit:
40 Minuten

Zwiebel schälen, würfeln und in der Butter glasig dünsten. Kartoffeln und Gemüse ebenfalls in Würfel schneiden und zu den Zwiebelwürfeln geben. Alles zusammen kurz weiterdünsten und mit dem Rinderfond aufgießen. Salz, Pfeffer, Muskat und Majoran dazugeben und 12 Minuten köcheln lassen. Mit dem Mixstab pürieren, Sahne und Petersilie unterrühren und sofort servieren.

Zutaten
für 4 Personen

400 g Rinderhüfte (in Würfel geschnitten)
400 g Schweinenacken (in Würfel geschnitten)
750 ml Bockbier
250 ml Demi glace
jeweils 1 rote, gelbe und grüne Paprikaschote
2 Stück Sternanis
2 EL Honig
1 getrocknete Chilischote
Salz, Pfeffer, Majoran
Öl zum Braten

Schwierigkeitsgrad:
mittel
Zubereitungszeit:
90 Minuten

Bierkutschergulasch mit Sternanis

Das Rind- und Schweinefleisch in zwei verschiedenen Pfannen scharf anbraten. Das Schweinefleisch beiseite stellen.

Die Rindfleischwürfel mit Salz, Pfeffer und Majoran würzen und mit Demi glace und Bier aufgießen. Sternanis dazugeben und alles 45 Minuten köcheln lassen. Das Schweinefleisch dazugeben und weitere 20 Minuten köcheln.

Paprika in Würfel schneiden, kurz anbraten und zusammen mit dem Honig und der kleingeschnittenen Chilischote zum Gulasch geben. Das Ganze einmal aufkochen und bei Bedarf mit etwas Mehl abbinden.

Biertipp:

Ein kräftiges Saisonbier wie z. B. Bockbier (am besten vom Rossknecht)

Apfelstrudel

Zutaten

für 4 Personen

... für den Teig:

150 g Weizenmehl
100 ml lauwarmes Wasser
1 kleines Ei
1 Prise Salz
2 TL Öl

... für die Füllung:

½ kg Äpfel
30 g Semmelbrösel
30 g Zucker
15 g Rosinen
1 Prise Zimt
1 Prise gemahlene Nelken
1 EL Rum
ca. 20 g Butter zum Bestreichen
Puderzucker zum Bestäuben

Schwierigkeitsgrad:
mittel
Zubereitungszeit:
40 Minuten + 40 Minuten Backzeit

Die Teigzutaten vermengen und zu einer homogenen Masse verarbeiten. 30 Minuten ruhen lassen. Äpfel schälen und in Würfel schneiden.

Den Teig auf einem bemehlten Tuch dünn ausrollen und mit den Händen hauchdünn auseinanderziehen. Gut mit den Semmelbröseln bestreuen. Die gewürfelten Äpfel mit dem Zucker, den Rosinen, Zimt und Nelken vermengen und gleichmäßig auf dem Teig verteilen. Mit Rum beträufeln und das Ganze stramm zu einem Strudel aufrollen.

Im Backofen bei 180 °C ca. 40 Minuten goldbraun backen. Aus dem Ofen nehmen und den heißen Strudel mit Butter bestreichen und mit Puderzucker bestäuben.

Brauerei zum Rossknecht

Hausgebraute Biere und frische regionale Küche

Inhaber: Andreas Rothacker

Reithausplatz 21 · 71634 Ludwigsburg
Telefon 07141 / 90 25 51 · Fax 07141 / 92 23 86
E-Mail ludwigsburg@rossknecht.net
www.rossknecht.net

Öffnungszeiten

Sonntag bis Donnerstag von 11.00 bis 24.00 Uhr
Freitag und Samstag von 11.00 bis 1.00 Uhr

Gut zu wissen

160 Sitzplätze
Außenbereich mit 120 Sitzplätzen
Mittagstisch
1 Nebenzimmer mit 80 Sitzplätzen
Parken: Öffentliche Parkplätze und -Garagen in der Nähe
Catering für 10 bis 3.000 Personen

Mit allen Sinnen: Casanova in Ludwigsburg

„... und wir fuhren nach Ludwigsburg, wo ich bei einem ausgezeichneten Mittagessen in so heiterer Stimmung war, daß meine Gäste niemals hätten erraten können, welches Unglück mich am Vorabend getroffen hatte."

Leider verschweigt Giacomo Casanova, was er an jenem Tag im Frühjahr 1760 in Gesellschaft der italienischen Schauspielerin Isabella Toscani und ihrer Tochter Luisa zu sich nahm, doch wenn der berühmteste Liebhaber seiner Zeit eine Mahlzeit lobt, dann will das schon etwas heißen. Schließlich war er auch bei kulinarischen Genüssen höchst anspruchsvoll und verstand es, Gaumen- und Liebesfreuden raffiniert miteinander zu kombinieren, wie beispielsweise zu Beginn desselben Jahres bei einem Frühstück in Brühl: „... und ich hatte die Freude, mich an dem Erstaunen zu weiden, das sich in den Augen meiner Dame spiegelte, als sie sah, daß ich sie ebenso prachtvoll bewirtete, wie es der Kurfürst getan hätte."

Jenem Unglück, welches ihn am Vorabend seines Ausflugs nach Ludwigsburg getroffen hatte, ging eine Begegnung Casanovas mit Carl Eugen voraus, dem damaligen Herzog von Württemberg, über dessen Hofhaltung sich der weitgereiste Lebemann in seinen Memoiren folgendermaßen äußert: „Der Hof des Herzogs von Württemberg war zu jener Zeit der glänzendste von ganz Europa. [...] Der Herzog war seiner Anlage nach prachtliebend: große Ausgaben verursachten herrliche Gebäude, ein großartiger Marstall, eine glänzende Jägerei, Launen aller Art kosteten ihn viel Geld; ungeheure Summen aber gab er für hohe Besoldung aus und noch größere für sein Theater. Er unterhielt eine Französische Komödie, eine Komische Oper, eine italienische Opera seria und Opera buffa und zwanzig italienische Tänzer, von denen jeder an einem der großen Theater Italiens erster Tänzer gewesen war. Noverre war sein Choreograph und Ballettdirektor; er verwendete zuweilen hundert Figuranten und mehr. Ein geschickter Maschinenmeister und die besten Dekorationsmaler arbeiteten um die Wette und mit großen Kosten, um die Zuschauer zum Glauben an Zauberei zu zwingen. Alle Tänzerinnen waren hübsch, und alle rühmten sich, den liebessüchtigen gnädigen Herrn zum mindesten einmal glücklich gemacht zu haben. [...] Ich bemerkte bald, daß die Hauptleidenschaft dieses Fürsten war, von sich reden zu machen. Er wünschte, daß die Welt von ihm sage, kein Fürst habe mehr Geist, mehr Geschmack, mehr Anlage zum Erfinden von Vergnügungen, mehr Fähigkeit zum Herrschen; außerdem sollte man glauben, er sei ein zweiter Herkules in den Genüssen der Tafel, des Bacchus und der Venus, ohne daß jedoch die Augenblicke, die er der Sinnenlust widmete, die Sorgfalt beeinträchtigten, womit er alle Pflichten seines Herrscheramtes erfüllte."

Während eines Besuchs der italienischen Opera seria, „die der Herzog in dem von ihm erbauten schönen Theater dem Publikum gratis geben ließ", gab sich Casanova, einer unbesonnenen Laune folgend, als Vetter der derzeitigen Lieblingsmätresse Carl Eugens aus und wurde prompt von ihr für den nächsten Tag zum Mittagessen eingeladen. Nachdem Casanova tags darauf von drei Offizieren beim Kartenspiel betrogen und angeklagt wurde, verweigerte der Herzog ihm jegliche Unterstützung. Um nicht am Ende „bis aufs Hemd ausgezogen und Soldat eines kleinen Fürsten!" zu werden, floh der Chevalier de Seingalt, wie Casanova sich selbst geadelt hatte, schließlich aus Württemberg.

Sieben Jahre später war er von Augsburg nach Ulm gereist. Hier begegnete er einem Kurier des Herzogs, dessen baldige Rückkehr aus Venedig in seine Residenz Ludwigsburg erwartet wurde.
Casanova fasste den Entschluss, sich an den Offizieren, die ihrerseits in Ludwigsburg stationiert waren, und an dem Herzog auf elegante Art zu rächen und behauptete vor dem Kurier, der Herzog habe ihn zum Geheimsekretär mit 1200 Talern Jahresgehalt ernannt. „Nachdem ich eine ausgezeichnete Nacht verbracht hatte, erwachte ich mit dem köstlichen Gedanken, daß ich nach Ludwigsburg gehen

Giovanni Battista Casanova, Stich von Christian Friedrich Boetius nach einem Bild von Anton Raphael Mengs

würde, nicht um mich mit den drei Offizieren zu schlagen, sondern um ihnen Angst einzuflößen, und mich auf die angenehmste Art für den von ihnen angetanen Schimpf zu rächen." Auch freute sich Casanova, in Ludwigsburg alte Bekannte zu treffen, vor allem seinen Freund Vestris, den „Tanzgott von Paris". Da der Herzog aus Italien anreiste, würde die von Casanova behauptete Anstellung sicher plausibel erscheinen. Er beschloss jedoch, unmittelbar vor Ankunft Carl Eugens wieder abzureisen, offiziell um ihm entgegenzufahren und gemeinsam mit ihm einzuziehen. „Niemals erschien mir die Idee in so verführerischem Lichte. Ich war stolz darauf, sie ausgeheckt zu haben, und ich hätte es meines Geistes unwürdig gefunden, wenn ich sie nicht ausgeführt hätte. Ich vollzog damit eine grausame Rache an dem Herzog, dessen Groll ich fürchten mußte."

Als Casanova Ludwigsburg erreichte („Ich stieg in dem sehr guten Gasthof ‚Zur Post' ab."), war seine angebliche Ernennung zum herzoglichen Geheimsekretär bereits Stadtgespräch. Der Kurier hatte seine Aufgabe blendend erfüllt. Vestris war über die Ernennung besonders entzückt und Casanova revanchierte sich, indem er für Vestris' Frau ein französisches Schauspiel so umschrieb, dass kein „R" darin vorkam, da sie diesen Laut nicht korrekt sprechen konnte. Die drei Offiziere katzbuckelten vor Casanova, was ihm eine diebische Freude bereitete. Doch der Genuss der Rache war von vornherein begrenzt. An einem Vormittag, es war der 11. Juli 1767, kam um zehn Uhr ein Kurier Carl Eugens an und meldete, „Seine Durchlaucht werde um vier Uhr nachmittags eintreffen. Sobald ich diese Nachricht erfuhr, sagte ich meinen Freunden in großer Gemütsruhe, ich wolle meinem gnädigen Herrn die Höflichkeit erweisen, ihm entgegenzufahren, um dann mit seinem Gefolge in Ludwigsburg einzuziehen; ich müsse daher sofort abreisen. Als sie aber sahen, daß ich in Eile die Koffer packte, errieten sie die Wahrheit und fanden meinen Streich sehr scherzhaft. Wir freuten uns auf die Wirkung, die mein Schelmenstreich auf die drei Offiziere und den Herzog ausüben werden. Sie versprachen mir einen ausführlichen Bericht über alles nach Mannheim zu schicken."

In einem Punkt täuschte Casanova, der die Ereignisse in Ludwigsburg viele Jahre später in seinen Erinnerungen niederschrieb, seine ansonsten so detailreiche Erinnerung. Es gab in Ludwigsburg zu keiner Zeit einen Gasthof Zur Post. Sicher ist er im Waldhorn abgestiegen, das für Reisende seines Standes ausgerichtet war, und er deutete das goldene Waldhorn am Haus als Posthorn. Als der Herzog schließlich in Ludwigsburg mit aller Pracht einzog, war Casanova längst über alle Berge. Ob Casanova die Ehrensäule, die der Waldhornwirt aus Anlass dieses Ereignisses vor seinem Gasthaus hatte errichten lassen, noch wahrgenommen hat? „Die Säule war mit Blumen und Taxis geziert, und auf beeden Seiten derselben 2 auf gleiche Art gezierte grosse Pyramiden, auf deren Spizen der geschlungene Herzogliche Name mit dem Fürstenhute stunde." Dort war zu lesen „Vivat CAROLUS!"

Waldhorn am Schloss

Feine Küche in Ludwigsburgs ältestem Restaurant

Küchenchef Alexander Rudolf steht für die kreative regionale Küche im Waldhorn.

Auf einer Reise nach Paris stieg am 9. Juli 1763 im Waldhorn ein Vater mit seinen beiden Kindern ab, die dem Herzog Carl Eugen vorspielen sollten. Doch der Herzog wollte verreisen und hatte keine Zeit für Leopold Mozart und seine Kinder, den siebeneinhalbjährigen Wolfgang Amadeus und seine Schwester Nannerl. Genau vier Jahre später kam Ciacomo Casanova und streute das Gerücht, Geheimsekretär des Herzogs zu sein. Christian Friedrich Daniel Schubart, 1769 der zukünftige herzogliche Organist und Musikdirektor und bald bekannt als fröhlicher Zecher, war hier Gast. Goethe bettete auf der Rückkehr von seiner zweiten Schweizreise in der Nacht von 15. auf den 16. Dezember 1779 hier sein Haupt. Und Franz Liszt hielt am 17. November 1843 ein umjubeltes Konzert im Waldhornsaal, wobei auch eigene Paraphrasen zu Arien aus Mozarts „Don Giovanni" auf dem Programm standen.

Keine Gastronomie in Ludwigsburg kann eine längere Tradition aufweisen als das Waldhorn am Schloss. Ist es doch das älteste Gebäude der Stadt Ludwigsburg, errichtet 1707 bis 1709 als erstes großes Gebäude außerhalb des Schlosses nach den Plänen Johann Friedrich Nettes, der als Oberbaudirektor die Bauleitung am Schloss hatte. Die Baumaterialien stammten vom gerade erst abgebrochenen Kavaliersbau, und auch das neue Gebäude diente als herrschaftliches Wirtshaus und Herberge. Neben den durchreisenden Gästen des Herzogs und Mitgliedern des Hofstaats, denen die Beletage, der erste Stock, vorbehalten war, logierten hier zu Anfang vor allem die Künstler, Meister und Arbeiter, die am Schlossbau eingesetzt waren, aber auch schon mal ein zum Tode Verurteilter. Am 23. April 1709 unterschrieb der erste Pächter, Franz Aßleutner, den Pachtvertrag bei der fürstlichen Rentkammer. Doch bereits 1711 wurde aus dem herrschaftlichen ein bürgerliches Haus, es gelangte in den Besitz des späteren Ludwigsburger Bürgermeisters Johann Valentin Arnsperger.

Das Wirtshausschild zeigt, wen verwundert es bei der Jagdbegeisterung des Herzogs, ein Wald- oder Jagdhorn.

So lautet denn auch der erste Name „Zum goldenen Waldhorn“ bzw. in der Hofsprache Französisch „À la trompe d'or“. Aus alten Rechnungen erfährt man, dass Johann Jacob Steinfels, Fresco-Maler aus Prag, als erster dieses Wirtshausschild „verguldet und angestrichen“ hat. Zusätzlich gab es auf dem großen Gelände eine eigene Metzig, ein Brau- und ein Backhaus, eine Waschküche und einen Brunnen im Hof. Zentrales Nebengebäude war jedoch der große Stall an der Südseite des Grundstücks, dem bald ein zweiter an der Nordseite folgte. 1730/31 wurde der nördliche Stall durch einen Flügelbau an der Marstallstraße ersetzt, dessen Schicksal, trotz mehrfacher Abtrennung, mit den Geschicken des Hauptbaus eng verknüpft ist. Ab 1785 war der Seitentrakt im Besitz der reformierten Gemeinde, die dort einen Betsaal einrichtete. Bereits 1802 wurde dort durch den Wirt Johann Georg Mayer auf Wunsch der Stabsoffiziere ein „militärisches Kaffeehaus“ mit zwei Billardtischen eröffnet. 1824 erwarb Franz Springer das Anwesen und errichtete quer dazu ein weiteres Nebengebäude nach den Plänen des Werkmeisters Friedrich Baumgärtner mit einem Tanzssaal im ersten Stock, dem Waldhornsaal. Hier traf sich in den nächsten 40 Jahren die bessere Gesellschaft Ludwigsburgs zu großen Bällen, wobei häufig (wen wundert es in einer Garnisonsstadt) ein „Mangel an Damen“ konstatiert wurde, zu Konzerten, Theateraufführungen, Festessen und Versammlungen des „Museums“ etwa oder der „Bürgergesellschaft“, bis das Gebäude 1861 endgültig vom heutigen Waldhorn abgetrennt wurde. Der zum Kirchenraum umgebaute Saal diente bis 1972 der Methodistengemeinde, auf die bis vor Kurzem die katholische kroatische Gemeinde folgte.

Casanova Lounge

Zahlreiche Wirte hatte das Waldhorn in den letzten drei Jahrhunderten, manchem wuchs die Größe des Gebäudes über den Kopf, andere wie der Schwiegersohn Arnspergers, Johannes Herzog, führten es Jahrzehnte mit Erfolg. Allein von 1862 bis 1982 bewirtschafteten vier Generationen der Familie Ott das Waldhorn. Die ehemaligen Gästezimmer wurden im 19. und frühen 20. Jahrhundert zu Wohnungen umgebaut, die Herbergskonzession ruhte seit 1925 und erlosch zehn Jahre später. 1901 hatte man die schöne doppelläufige Freitreppe zur Schlossstraße hin abgebrochen, an die sich die bekannte Ludwigsburger Autorin Tony Schumacher in ihrer kleinen Erzählung „Mein Schulweg“ erinnert. Sie berichtet auch, wie der Knecht des Waldhornwirts mit Hilfe des Fuhrmanns Bier- und Weinfässer in die mächtigen Kellergewölbe herabdonnern ließ. 1925 erfolgte im Erdgeschoss durch den Wirt Karl Ott die Einrichtung des „Schlosscafés“. 1935 wurde nicht nur die Freitreppe etwas versetzt und wieder hergestellt, ein Gesellschaftszimmer erweiterte

694) Ludwigsburg.
Sonntag den 5. Dezember:
Reunion
im Gasthof zum Waldhorn
von
Hrn. Capellmeister Ritter,
mit vollständigem Orchester.
Anfang 3½ Uhr. Entree 6 kr.

fortan die vorhandenen Gasträume. Anfang der 1990er Jahre sah es schlecht aus für das Waldhorn, seit März 1993 war es geschlossen, mehrere Zwangsversteigerungstermine verliefen ergebnislos. Pläne der Freunde des Städtischen Museums, das Gebäude als Museum zu nutzen, fanden keine Unterstützung. Private Investoren erwarben das Haus und führten von 2000 bis 2003 eine Generalsanierung durch.

Nach mehrfachem Betreiberwechsel haben im September 2010 die Geschwister Silvia Schreiner und Marco Bissoli das traditionsreiche Haus übernommen und führen es nun mit viel Gespür für das Haus und seine Geschichte. Während seine Schwester als gelernte Restaurantfachfrau in Ludwigsburg gearbeitet hat, war Marco Bissoli viele Jahre Vertriebsleiter größerer Firmen. Der Vater der beiden stammt aus Verona und war 1956 einer der ersten italienischen Gastarbeiter, ihre Mutter kommt aus Stuttgart-Untertürkheim. Gemeinsam betrieben sie seit 1965 eine Pizzeria in Weilimdorf. Und so schlug die gastronomische Ader auch beim Sohn langfristig durch. Fünf Jahre lang führten die Geschwister zuletzt das Parkrestaurant Kornwestheim, bis sie das Wagnis eingingen, das am Boden liegende Waldhorn Stück für Stück wieder aufzubauen.

Dabei legen sie mit ihrem jungen Küchenteam Wert auf eine moderne Speisekarte und bieten eine feine regionale Küche mit gehobenem Anspruch, der sich nicht nur beim abendlichen Diner, zum Beispiel für maximal vier Paare in der Casonava Lounge oder im Mozartzimmer zeigt, sondern auch in den täglich wechselnden Angeboten des Business Lunch zur Mittagsstunde. Ein Sauerbraten „Anno 1707" wird mit Schmoräpfeln und Serviettenknödeln gereicht. Auf der Karte findet man je nach Saison auch heimische Hirsch-Tournedos unter der Nusskruste mit Barolo-Thymian-Jus, Sellerie-Apfelgemüse und Kartoffelzöpfle. Als Dessert sind „Casanovas sieben Sünden" beliebt, ein Streifzug durch die Patisserie. Neben regionalen Weinen werden passend zum jeweiligen Gericht auch internationale Tropfen kredenzt, von Spanien bis Südafrika, von Chile bis Österreich ist alles vertreten. Die Vielfalt der Räumlichkeiten bietet für jeden Geschmack etwas. Da ist der Ludwigssaal in barocker Farbigkeit mit einem doppelten Blick auf das Schloss, einmal als Panoramafoto an der Wand, zum anderen real durch die Fenster zur Schlossstraße. Da ist der Salon mit der „Wand der hundert Bilder", Fundstücken zur wechselvollen Geschichte des Hauses, da ist der offene moderne Bereich der Orangerie und der bei gutem Wetter nutzbare Patio und schließlich der über 300 Jahre alte gewölbte Weinkeller. Regelmäßig bittet „Baron von Bühler" nebst Gemahlin zu einem herrschaftlichen Vier-Gänge-Menü zur Tafel ins Waldhorn und berichtet Anekdotisches und Historisches über das Leben als herzoglicher Geheimer Rat am Hofe.

Samtsuppe vom Hokkaidokürbis

Zutaten
für 4 Personen

ca. 700 g Hokkaidokürbis
750 ml Gemüsefond
250 ml Sahne
2 EL Olivenöl (oder Walnussöl)
ca. 50 g frischen Ingwer
Cayennepfeffer, Salz, Zucker
evtl. etwas Crema di Balsamico

Schwierigkeitsgrad:
einfach
Zubereitungszeit:
20 Minuten

Kürbis gründlich waschen, abtrocknen (nicht schälen!) und halbieren. Mit einem Löffel die Kerne entfernen und den Kürbis in ca. 3 x 3 cm große Würfel schneiden. Ingwer schälen, in kleine Scheiben schneiden und gemeinsam mit dem Kürbis im heißen Öl kurz anschwitzen. Mit dem Gemüsefond auffüllen und ca.10 Minuten auf mittlerer Stufe leicht kochen lassen. Vom Herd nehmen und weitere 10 Minuten ziehen lassen. Danach mit dem Mixstab fein pürieren und die Sahne einrühren. Mit Pfeffer, Salz und Zucker abschmecken und nochmals aufkochen lassen.

Tipp:

Geben Sie die Crema di Balsamico in zwei Kreisen auf die Suppe und ziehen Sie mit einem Zahnstocher einige Verbindungslinien. So entsteht das abgebildete Muster.

Heimische Hirschtournedos

mit Nusskruste, Thymianjus und Kartoffelzöpfle

Zutaten
für 4 Personen

800 g bis 1 kg Hirschoberschale
2–3 EL Olivenöl
je 1 Zweig Rosmarin und Thymian

… für die Soße:

500 g Wildknochen
500 g gewürfeltes Röstgemüse
500 ml kräftiger Rotwein
1 l Fleischfond oder Fleischbrühe
3 EL Tomatenmark
1 EL Sesamöl
Salz, Pfeffer, Nelken, Piment
kalte Butterflocken

… für die Nusskruste:

200 g frz. Butter Demi-Sel
125 g Nussmischung mit Rosinen
30 g Mide Pain (geriebenes Weißbrot ohne Rinde) oder Paniermehl

… für die Kartoffelzöpfle:

800 g Kartoffeln
6 Eigelb
Salz, Pfeffer, Muskat
Petersilie, Rosmarin, Thymian oder andere gehackte Kräuter

… für das Gemüse:

ca. 700 g Hokkaidokürbis
75 g Butter
1 EL Zucker
3 EL Waldhonig
100 ml Gemüsefond
1 Bund frisch gehackte Petersilie
Salz, Zucker, Roter Pfeffer

Hirschsteaks in ca. 3–4 cm dicke Scheiben schneiden und in 2–3 EL Olivenöl auf jeder Seite ca. 2½ Minuten anbraten. Beim Wenden des Fleisches jeweils einen Zweig Rosmarin und Thymian dazugeben. Während des Bratens das Fleisch immer wieder arosieren (mit dem eigenen Bratfett übergießen). Pfanne vom Herd nehmen, das Fleisch in eine vorgewärmte Kokotte legen, abdecken und 5 Minuten ruhen lassen. Deckel abnehmen und die Fleischstücke mit ca. 1 cm dicken Scheiben der kalten Nusskruste belegen. Im auf 200 °C vorgeheizten Backofen auf mittlerer Schiene ca. 8–10 Minuten schmoren. Sobald die Kruste eine goldbraune Färbung annimmt, sind die Tournedos fertig.

Für die Soße die Wildknochen und die Abschnitte der Tournedos mit 3 EL Tomatenmark und den Gemüsewürfeln in einem Bräter in heißem Sesamöl scharf anbraten. Nach ca. 5 Minuten mit dem Rotwein ablöschen und auf 50 Prozent einreduzieren lassen. Mit der Brühe auffüllen und die Gewürze dazugeben. Langsam bei mittlerer Hitze erneut auf 50 Prozent reduzieren lassen. Danach die Soße durch ein Sieb oder ein Küchentuch passieren, abschmecken und mit kalten Butterflocken oder etwas Mehlschwitze binden.

Für die Nusskruste Butter in eine Schüssel geben und abdecken. Die Butter sollte Raumtemperatur haben. Die Nussmischung mit dem elektrischen Zerkleinerer fein hacken, zusammen mit dem Mide Pain zur Butter geben und mit dem Mixer schaumig rühren. Die geschlagene Masse auf einem Stück Frischhaltefolie zur Rolle formen (Darauf achten, dass die Rolle ungefähr dem Durchmesser der Hirschtournedos entspricht). In Folie einschlagen, an beiden Enden wie ein Bonbon abdrehen und für mindestens 25 Minuten (bzw. bis die Butter wieder fest ist) in den Kühlschrank stellen.

Für die Zöpfle Kartoffeln schälen und in Salzwasser gar kochen. Etwas abkühlen lassen, mit Presse, Stampfer oder Reibe zerkleinern und in eine Schüssel geben. Die 6 Eigelb darunterheben – dabei etwas Eigelb zum Bestreichen der Zöpfle beiseitestellen. Mit Salz, Muskat, Pfeffer und den Kräutern würzen. Kartoffelmasse in einen Spritzbeutel mit mittlerer Sterntülle geben und auf ein mit Backpapier ausgelegtes Blech ca. 8 cm lange Zöpfe spritzen. Die Zöpfe werden bei 160 °C 20 Minuten goldgelb gebacken.

Schwierigkeitsgrad:
anspruchsvoll
Zubereitungszeit:
2 Stunden

Zimtflan
mit warmem Gewürzorangensalat

Für den Orangensalat die Früchte schälen und die Filets ausschneiden. Die Reste des Fruchtfleisches auspressen und zu dem Orangensaft geben. Zucker in einer Pfanne karamellisieren und mit 75 ml Orangensaft ablöschen. Den restlichen Saft zusammen mit den Gewürzen aufkochen. Mit Grand Marnier abschmecken und mit Speisestärke binden. Die Filets in den Orangenfond legen und ca. 8 Stunden abgedeckt im Kühlschrank ziehen lassen. Vor dem Anrichten in einer Pfanne leicht erhitzen.

Für den Flan die Vanilleschote der Länge nach aufschneiden und das Vanillemark mit einer Messerspitze auskratzen. Gemeinsam mit der Milch und der Butter aufkochen. Das Mehl dazugeben und „abbrennen", bis auf dem Topfboden eine weiße Schicht entsteht. Vom Herd nehmen und etwas abkühlen lassen.

Eier trennen und das Eigelb langsam in die Milch-Buttermasse einrühren. Das Eiweiß schaumig schlagen und nach und nach den Zucker dazugeben (Meringe). Die Schokolade über dem heißen Wasserbad schmelzen. Die Eigelb-Milchmasse vorsichtig unter die Meringe heben, die geschmolzene Schokolade dazugeben und 1 TL Zimtpulver einstreuen. Vier Förmchen buttern und zu ¾ mit dem Teig füllen. Bei 175 °C ca. 20–25 Minuten backen.

Zutaten
für 4 Personen

... für den Orangensalat

5 Orangen
250 ml Orangensaft
50 g Zucker
ca. 2 EL Grand Marnier
1 Zimtstange
1 Sternanis
1 Gewürznelke
1 Vanilleschote
etwas Speisestärke

... für den Flan:

250 ml Milch 3,5 % Fett
50 g Butter
50 g Mehl
4 Eier
75 g Zucker
75 g Valrhona-Schokolade (60 % Kakao)
1 TL Zimt
1 Vanilleschote
1 Prise Salz
Butter für die Förmchen

Schwierigkeitsgrad:
mittel
Zubereitungszeit:
70 Minuten + 8 Stunden Kühlzeit

Tipp:

Für einen flüssigen Kuchenkern vor dem Backen ein Stück Schokolade in jedes Förmchen drücken.

Waldhorn am Schloss

Junge, frische Küche mit viel Liebe zum Kochhandwerk

Inhaber: Silvia Schreiner und Marco Bissoli

Schlossstraße 33 · 71634 Ludwigsburg
Telefon 07141 / 9 11 73 76 · Fax 07141 / 9 11 73 79
E-Mail info@waldhornamschloss.de
www.waldhornamschloss.de

Öffnungszeiten

Dienstag bis Sonntag von 11.30 bis 23.30 Uhr
Montag Ruhetag

Gut zu wissen

80 Sitzplätze im Restaurant
40 Sitzplätze im Gewölbekeller, 18 im Mozartzimmer, 40 in der Orangerie sowie 8 in der Casanova Lounge
Außenbereich mit 30 Sitzplätzen im Innenhof
3-Gang-Business-Lunch und Mittagstisch
Parken: Waldhorn-Gäste parken im Parkhaus Schloss/Marstall kostenlos
Catering bis 200 Personen

Württemberger Hof

Kreative regionale Küche im ehemaligen Offizierscasino

Ein perfektes Team: Pächterin Rosemarie Geiß, Küchenchef Ralph Reiter und Marius Geiß

Die Offiziere des 2. Württembergischen Ulanenregiments König Wilhelm I. Nr. 20 zeigten Geschmack und Stilsicherheit. Lange hatten sie auf ein repräsentatives Haus für ihr Offizierskasino gewartet, doch im Sommer 1913 waren die Pläne des Architekten Hubert Baelz genehmigt und mit dem Bau des Gebäudes an der Bismarckstraße, im Garten der ehemaligen Villa Bopp, konnte begonnen werden. Baelz übernahm für das an einem Hang zu errichtende Gebäude im neobarocken Stil geschickt Motive der Unterbauten der Schlösser Solitude und Monrepos, und so ist denn auch der Eindruck von der Gartenseite aus noch nach hundert Jahren ein überaus stattlicher. Eine monumentale, im Ursprung komplett zweiläufige und symmetrische Treppen- und Terrassenanlage ziert diese eigentliche Schauseite des schlossartigen Baus mit seinen barocken Anklängen zum ehemals größeren Offiziersgarten. Von der in den Sommermonaten nutzbaren, sich über die ganze Hauslänge ausdehnenden Gartenterrasse hat der Gast des Württemberger Hofs einen herrlichen Blick ins Grüne auf imposante Laubbäume und einen kleinen eigenen Kinderspielplatz für den Nachwuchs der Gäste. An lauen Sommerabenden oder bei Familienfesten wie Hochzeiten und Firmenempfängen wird der untere Bereich der Pfeilerarkaden gerne für Sektempfänge genutzt und man fühlt sich dann zurückversetzt in eine Zeit, die lange vergangen ist, besonders wenn man hochblickt und die Fenster und Terrassenlampen den Württemberger Hof in sanftes Licht tauchen.

Das 1809 noch von König Friedrich gegründete Regiment war im Laufe seiner Existenz mehrfach in Ludwigsburg stationiert, so von 1849 bis 1856 und erneut von 1872 bis zu seiner Auflösung im Juni 1919. Die fünf Eskadronen waren dabei auf die Wilhelms- und Marstallkaserne verteilt. Zunächst trafen sich die Offiziere in der Kanne, danach im Bären, schließlich mietete man vier Zimmer im ersten Stock des Museums, des heutigen Ratskellers, an. 1894 bezog man ein eigenes neues Gebäude, Uhlandstraße 33, das noch existiert, 1915/16 zur Allgemeinen Ortskrankenkasse umgebaut und seither mehrfach verändert wurde. Am 12. Februar 1913 hatten die Offiziere einen Ulanen-Kasino-Bauverein gegründet, erster Vorstand war Seine Exzellenz Alfred Schenk Graf von Stauffenberg (1860–1936), Königlicher Major a.D., Kammerherr und Oberhofmarschall seiner Majestät, König Wilhelms II. in Stuttgart. 1918 ging er mit dem abgedankten König nach Bebenhausen, sein Sohn Claus verübte am 20. Juli 1944 das Attentat auf Hitler, sein Sohn Berthold wurde in Plötzensee hingerichtet, die Familie kam in Sippenhaft.

Doch zurück ins Jahr 1913: 75.000 Mark hatte das Grundstück den Verein gekostet. Am 29. Juli 1913 wurde die Baugenehmigung erteilt. Doch als das Haus am 25. September 1914 fertiggestellt worden war, war der Erste Weltkrieg bereits ausgebrochen. Das Kasino konnte nur noch ganz eingeschränkt genutzt werden, denn ein Großteil des Regiments war bereits Anfang August von Ludwigsburg aus in den Krieg gezogen. Dabei verfügte das Gebäude über ein breites Raumprogramm, im Untergeschoss befanden sich neben Koch-, Kalter, Spül- und Waschküche die Speisekammer, der Kartoffel-, Holz- und Kohlenkeller sowie die Anrichte für den Garten, mehrere Closetts und ein Pissoir, Aufenthaltsraum und Ordonnanzenzimmer und nicht zuletzt eine Kegelbahn. Im Erdgeschoss lagen der Große Saal, Salon, Speisezimmer (das heutige Goethezimmer), Spiel- und Lesezimmer, Vorhalle, Garderobe und Anrichte, im Obergeschoss das Bücherzimmer, der Musikraum, die Damengarderobe, weitere Zimmer und Kammern und ebenfalls zwei Closetts. Auf dem damals knapp 23 Ar großen Grundstück war zudem ein Tennisplatz untergebracht.

Bei Auflösung des Regiments nach Kriegsende – allein 20 Offiziere waren gefallen – kam es am 31. Mai und 2. Juni 1919 zur Versteigerung eines großen Teils der Ausstattung, darunter Hirsch- und Rehgeweihe, ein Leoparden- und ein Löwenfell, zwei Grammophone mit insgesamt 46 Platten, ein Stutz-Flügel, Sofas, Bücherschränke, Bronzebüsten, eine Messerputzmaschine, Sektkühler, Küchengeschirr, Weißzeug und Livreen. Am 6. September 1919 wurde das Gebäude an das Ehepaar Adolf und Emma Kiefer verkauft. Von diesen erwarb am 3. Juni 1939 die Kreishandwerkerschaft Ludwigsburg das Wohnhaus. Sie nutzt vor allem das Obergeschoss seither für ihre Zwecke. Im Großen Saal, dem heutigen Schillersaal, fand am 25. Oktober 1945 die erste öffentliche Sitzung des Ludwigsburger Gemeinderats nach dem Zweiten Weltkrieg statt. Von Dezember 1946 bis ins Jahr 1951 befand sich hier ein Klub der US-Armee. Nach Renovierung und Teilumbau in den 1950er Jahren wurde in den 1980er Jahren der Württemberger Hof als Gaststätte eingerichtet.

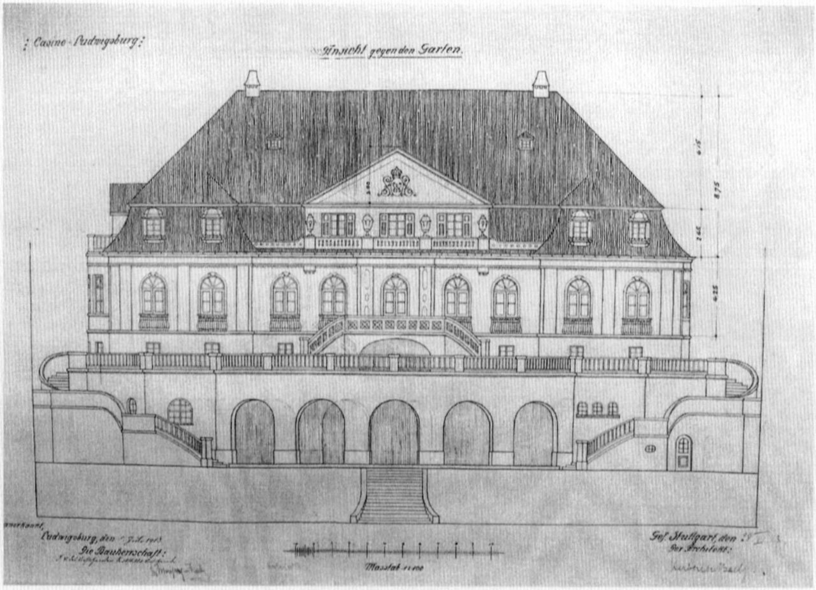

Das Ambiente und die Möglichkeiten des Gebäudes hatten es Rosemarie und Peter Geiß angetan. Seit Silvester 2005 führen sie das stilvolle Restaurant mit besonderer persönlicher Note und hohem kulinarischem Anspruch. „Ich muss mich hier selber wohlfühlen", so fasst es Rosemarie Geiß zusammen und verweist auf die Details aus der Bauzeit und die herrliche Terrasse. Ihr Mann Peter kann auf eine vierzigjährige Erfahrung in der Gastronomie zurückblicken. Der gelernte Metzgermeister, in Esslingen am Neckar geboren und in Ludwigsburg aufgewachsen, führte 35 Jahre lang das Restaurant des MTV 1846 Ludwigsburg. Nach dieser langen Zeit dachte das Ehepaar kurz ans Aufhören, doch als sie von der Möglichkeit hörten, den „Württemberger Hof" übernehmen zu können, und eine ihrer Töchter auch die mögliche Nachfolge signalisierte, stand der Entschluss schnell fest, und die Familie Geiß hat es nicht bereut. Die alten Gäste des MTV-Restaurants kamen weiterhin, zum Teil schon in dritter Generation, neue konnten durch die Qualität des Essens und des Service gewonnen werden. Der Rotary Club Ludwigsburg wählte den Württemberger Hof zum Domizil. Auch die Vertreter des Kreishandwerks schauen vorbei. An den Wänden der Zunftstuben im Untergeschoss erzählen Wandbilder von der Wanderschaft der Handwerker, von der mühseligen Arbeit am Bau oder als Schreiner, aber auch von Geselligkeit samt Kegelspiel.

Eine Spezialität der Küche von Peter Geiß und seinem Team sind die Wildvariationen aus der eigenen Jagd, bereits der Vater war Jäger. Es gibt neben saisonalen Speisen regional-schwäbische Gerichte auf hohem Niveau, aber auch überregionale Speisen, vor allem mit mediterranem Einschlag. Besonderen Wert legt der gelernte Metzger Peter Geiß auf die Qualität und die regionale Herkunft des Fleisches. Althergebrachte Gerichte wie Königsberger Klopse oder Schweinskopfsülze mit Bratkartoffeln lassen sich auf der Speisekarte finden, ebenso der „Ludwigsburger Dichterteller". Dieser Rostbraten mit Zwiebeljulienne, Tomatenscheiben, dazu Spätzle, Flädle, Schupfnudeln und Blattsalat wird auf einem speziellen Porzellanteller serviert. Dort entdeckt der Gast nach den Gaumenfreuden die Unterschriften von Friedrich Schiller, Justinus Kerner, Eduard Mörike, Friedrich Silcher, Christian Friedrich Daniel Schubart, Friedrich Theodor Vischer und Carl Maria von Weber. Einmal im Monat bittet „Wilhelmine von Grävenitz", die Mätressse und morganatische Ehefrau Herzog Eberhard Ludwigs, dargestellt von Sabine Servinho, im Schillersaal des Württemberger Hofes bei Kerzenschein zu Tisch. Während eines viergängigen Menüs, bestehend aus Speisen, die in jener Zeit in Bürgerhäusern aufgetischt wurden, erzählt sie von ihrem Leben bei Hofe und führt die Gäste auf eine Zeitreise in die Anfänge Ludwigsburgs.

Rote-Bete-Suppe mit Meerrettichschaum

Zutaten
für 4 Personen

500 g frische Rote Bete
1 kleine Zwiebel
250 ml Gemüsefond
300 ml Sahne
100 g Crème fraîche
abgeriebene Schale einer halben Zitrone
1 EL geriebener Meerrettich
Salz, Pfeffer, Muskat
etwas Butterschmalz

Schwierigkeitsgrad:
einfach
Zubereitungszeit:
1 Stunde

Rote Bete gründlich waschen, abbürsten und in Salzwasser ca. 30 Minuten gar kochen. Danach schälen und in grobe Würfel schneiden. Die Zwiebel fein würfeln und in Butterschmalz andünsten. Rote Bete dazugeben, mit dem Gemüsefond auffüllen und aufkochen. Mit dem Stabmixer fein pürieren. 200 ml Sahne und die Crème fraîche unterrühren und nochmals aufkochen. Mit Salz, Pfeffer, Muskat und Zitronenschale abschmecken.

Die restliche Sahne mit dem Meerrettich, Salz und Pfeffer aufkochen und mit einem Stabmixer aufschäumen.

Die Suppe in vorgewärmte Teller füllen und den Meerrettichschaum mit einem Esslöffel darübergeben.

Zutaten
für 4 Personen

4 Perlhuhnbrüstchen à ca. 150 bis 170 g
1 kg frischer Blattspinat
2 Schalotten
1 Knoblauchzehe
100 ml Sahne
250 g Steinchampignons
250 ml Portwein
250 ml Geflügelfond
100 g Butter
ca. 100 g Butterschmalz

… für das Risotto:

100 g Risottoreis
2 Schalotten
5 cl Weißwein
200 ml Geflügelfond
2 g Safranfäden
50 g kalte Butter
Olivenöl

Salz, Pfeffer, Muskat, Lorbeerblatt, Sternanis

Schwierigkeitsgrad:
anspruchsvoll
Zubereitungszeit:
50 Minuten

Perlhuhnbrüstchen *auf Blattspinat*

mit Steinchampignons, Portweinsoße, Safranrisotto

Die Perlhuhnbrüstchen unter kaltem Wasser abwaschen und trocken tupfen. Salzen, pfeffern und in Butterschmalz von beiden Seiten goldgelb anbraten. Aus der Pfanne nehmen und auf ein Backblech setzen.

Portwein und 250 ml Geflügelfond in einem Topf auf ein Drittel reduzieren lassen. Mit Salz und Pfeffer abschmecken und beiseitestellen.

Spinat putzen und in reichlich Salzwasser blanchieren. Mit Eiswasser abschrecken und gut ausdrücken. Schalotten fein würfeln und in Butterschmalz anschwitzen. Spinat, klein gehackten Knoblauch und die Sahne dazugeben. Mit Salz, Pfeffer und Muskat abschmecken und zur Seite stellen.

Champignons waschen, vierteln und in Butterschmalz anbraten. Salzen und pfeffern.

Für das Risotto die Schalotten in feine Würfel schneiden und in Olivenöl anschwitzen. Reis dazugeben und mit dem Weißwein ablöschen. Nach und nach mit dem heißen Geflügelfond auffüllen. Dabei den Reis ständig rühren. Safranfäden, Lorbeerblatt und Sternanis dazugeben und ca. 20 Minuten köcheln.

Während das Risotto köchelt, die Perlhuhnbrüstchen im vorgeheizten Backofen bei 140 °C 20 Minuten garen.

Portweinsoße, Spinat und Champignons wieder erhitzen. Lorbeerblatt und Sternanis aus dem Risotto entfernen. 50 g kalte Butter unter das Risotto rühren, die restliche Butter in die Portweinsoße einrühren.

Perhuhnbrüstchen tranchieren, aus dem Risotto mit Hilfe von zwei Esslöffeln Nocken formen. Perhuhntranchen, Risottonocken, Spinat und Champignons auf Tellern anrichten und die Soße über das Fleisch träufeln.

Aprikosenparfait

mit Erdbeeren in Grand Marnier

Zutaten
für 4 Personen

4 Eigelb
80 g Zucker
1/8 l Milch
Mark von 2 ausgekratzten Vanilleschoten
200 g Aprikosenmark
175 ml Sahne
500 g Erdbeeren
etwas braunen Zucker
4 EL Grand Marnier

Schwierigkeitsgrad:
mittel
Zubereitungszeit:
25 Minuten + 6 Stunden Kühlzeit

Die Milch mit dem Vanillemark aufkochen. Eigelb mit dem Zucker in einer Schüssel über dem warmen Wasserbad schaumig schlagen. Langsam die Vanillemilch dazugeben und weiterschlagen, bis die Masse dickflüssig wird. Das Aprikosenmark dazugeben und kaltschlagen. Abkühlen lassen. Sahne schlagen und unter die erkaltete Aprikosencreme heben. Das Parfait in Kaffeetassen füllen und für 6 Stunden einfrieren.

Erdbeeren waschen, vierteln und mit braunem Zucker und Grand Marnier marinieren.

Das Parfait kurz vor dem Servieren auf die Teller stürzen und mit den Erdbeeren dekorieren.

Württemberger Hof

Gehobene regionale und überregionale Küche

Inhaber: Peter Geiß

Bismarckstraße 24 · 71634 Ludwigsburg
Telefon 07141 / 6 43 37 42 · Fax 07141 / 6 43 37 43
E-Mail wuerttemberger-hof-geiss@t-online.de
www.wuerttemberger-hof-ludwigsburg.de

Öffnungszeiten

Donnerstag bis Dienstag
von 11.30 bis 14.00 Uhr und von 17.30 bis 22.00 Uhr

Gut zu wissen

200 Sitzplätze
Separate Räume: Schillerzimmer, Goethezimmer, kleine Stube, große Stube, Kegelbahn
Außenbereich mit 80 Sitzplätzen im Innenhof
Kleiner Kinderspielplatz
Mittagstisch
Parken: eigener Parkplatz in unmittelbarer Nähe
Behindertengerechte Einrichtung

Ygrec

Untypisch griechisch

Ekaterini Daldou (2. v. l.) und ihr Team

Die Mathildenstraße hieß einst „Carlstädter Seestraße" und war die nördlichste Querachse der unter Herzog Carl Eugen ab 1760 begonnenen südlichen Stadterweiterung. Um 1800 standen hier Stallungen, Vorrats- und Gewächshäuser. In den Jahren nach 1872 wurde die heute zum großen Teil abgetragene Mathildenkaserne errichtet, die der Straße ihren neuen Namen gab. Gegenüber dem Zeughaus, das 1873 bis 1875 entstand und heute als Magazingebäude des Staatsarchivs Ludwigsburg fungiert, steht eine geschlossene Reihe von sechs Wohnhäusern, die 1903 bis 1909 unter Federführung des Bauunternehmers und Werkmeisters Ernst Imle auf dem nördlichen Teil des trockengelegten Feuersees gebaut wurden. Es sind drei- bis viergeschossige Bauten mit Anklängen an Barock- und Renaissanceformen, so auch das Haus Nummer 12, das einen stattlichen, zweifach gestuften Renaissance-Giebel aufweist und einen Erker, der sich über drei Wohnetagen zieht. In der Hofdurchfahrt befindet sich der Eingang zum Treppenhaus und auch der Zugang zum Ygrec, das im Hinterhof ein paar Plätze für eine Außenbewirtschaftung im Sommerhalbjahr hat.

Das Besondere am Ygrec aber ist, es ist ein Kellerlokal. Wen dies zunächst abschreckt, der mag sich durch das gediegene und stimmig elegante Ambiente der beiden, auf zwei Ebenen liegenden Kellerräume überzeugen lassen. Vor allem der ziegelgewölbte Hauptraum besticht mit indirekter Beleuchtung, hellem Parkett und einer „gläsernen" Wand aus Weinflaschen an einer der beiden Stirnseiten. Die Ludwigsburger Galerie 5räume bringt in wechselnden Ausstellungen Kunst an die Wände. Und wer ein menschliches Bedürfnis hat, der orientiert sich an den Bildern von Aristoteles Onassis und Maria Callas, die an den Türen den geschlechtergetrennten Weg weisen.

Im Jahr 2000 hatten Suli und Yannis Timiliotis, die damaligen Betreiber des Vinum in der Seestraße, hier ein zweites Standbein in Ludwigsburg eröffnet, die Kellerräume zum Lokal umgebaut und dem Restaurant den Namen Ygrec gegeben. Der französische Name ist ein Wortspiel, eins zu eins übersetzt bedeutet er den Buchstaben „Ypsilon", die Lautung spielt jedoch auf Griechenland an, das Herkunftsland der Familie Timiliotis. Als Ekaterini Daldou das erste Mal die Räume des neuen

Lokals betrat, damals noch im Auftrag ihres Chefs, Yannis Timiliotis, um sie zu putzen, da hatte sie sofort ein ganz eigenartiges Gefühl. Sie verliebte sich in die Räume, „hier ist es schön", dachte sie und sagte zur Familie: „Eines Tages gehört dieses Lokal uns, ich verspreche es euch." Und so kam es dann auch: Zum 16. Juli 2004 konnte sie das Ygrec übernehmen und gestaltete es behutsam um zu dem, wie es sich heute dem Gast präsentiert.

Ekaterini Daldou stammt aus Orymila auf der Halbinsel Chalkidike, ihr Mann Stamos Daldous, mit dem sie seit 1982 verheiratet ist, wuchs in Deutschland auf. 1987 holte er seine junge Frau nach Deutschland, nach Ludwigsburg. Gleich vom Flughafen ging es in das Lokal eines befreundeten Gastronomen, die erste Stelle antreten als Tellerwäscherin. Am Anfang hatte sie starkes Heimweh nach Griechenland. Doch da war auch der Traum, irgendwann etwas Eigenes zu haben, der Traum von der eigenen griechisch-mediterranen modernen Küche. Früh hatte Ekaterini Daldou in der Gastronomie gearbeitet, in der Verwandtschaft gab es manchen Gastronomen, der Großvater war Metzger, der Vater arbeitete als Schiffer, ihr Mann und dessen Vater waren Fischhändler. Frischer Fisch, der heute aus Marseille angeliefert wird, ist ein zentraler Bestandteil der Küche, gegrillt mit Olivenöl aus Griechenland, von eigenen Bäumen oder auch aus Kreta. Ekaterini Daldous Eltern kamen vor 15 Jahren nach, die Mutter Eudoxia Giomatari ist eine wichtige Stütze in der Küche des Ygrec. Sie ist unter anderem zuständig für das selbstangesetzte Tzatziki, aber auch für die Bifteki oder den Salat, der immer auf den Punkt gemacht wird.

Über Jahre hatte die Familie für das Vinum in Ludwigsburg gearbeitet. Dort festigte sich auch das Gespür für Qualität. Das eigene Restaurant sollte eine moderne und gesunde griechische Küche aufweisen – mit den Stärken der originalen griechischen Küche: die Gerichte, der Fisch, das Lamm, die Zutaten und Zubereitungsarten, die Gewürze wie Thymian, Oregano, Rosmarin, Minze und Lorbeer. Die Küche des Ygrec hat wenig mit dem gemein, das man sonst so häufig in Deutschland „beim Griechen" serviert bekommt. Außerdem werden die Speisen ansprechend auf dem Teller präsentiert. Und die ganze Familie zieht mit, alle leben in einer Wohnung, die Kinder, die nun schon erwachsen sind, die mithelfen und auch ihren eigenen Weg gehen, alles das gibt Halt und Kraft selbst in schwierigen Situationen, die auch Ekaterini Daldou nicht verschonten: „Ich habe gewusst, tief vom Herzen heraus, dass ich das schaffe. Ich liebe die Arbeit und die Menschen." Und die Gäste, viele aus dem Umfeld der Filmakademie, schätzen das, schon zum Mittagstisch. Hier wird,

solange der Vorrat reicht, zu jedem Gericht eine Tagessuppe serviert, ein Menü der Woche ergänzt das Angebot.

Auf der Hauptkarte finden sich Vorspeisen wie Gavros Byzantinos, frische, pikant gewürzte Sardellen, auf Keramik-Ziegeln gebacken, oder auch Ladopsomo, gegrilltes Brot mit nativem Ölivenöl aus Kreta und Oregano. Neben den Fischgerichten gibt es Sikoti Sti Ladokola, eine gebackene Kalbsleber mit Zwiebeln und Karotten in Maurodavni-Likörwein, oder Fileto cirino, Schweinefilet in einem Manuri-Mantel an Schafskäse-Soße, dazu Gemüse der Saison, mit Schafskäse gratiniert. Natürlich darf auch ein Klassiker wie Bifteki Demisto, Rinderhackfleisch, gefüllt mit Schafskäse, nicht fehlen, dazu reicht man gebratene Oregano-Kartoffeln, einen gemischten Salat und das hausgemachte Tzatziki von Eudoxia Giomatari. Zum Nachtisch empfiehlt es sich zum Beispiel, die Loukoumades zu probieren, Honigkugeln aus Hefeteig mit Zimt, dazu Rosen-Nelken-Sirup. Der griechische Grappa Zipouro rundet das Ganze ab. Auch die Weinkarte zeigt, dass sich die Tropfen aus Griechenland nicht verstecken müssen: Der weiße Hauswein vin de Crete kritikos oder der weiße Topikos Oinos Gerovassiliou mit seinem intensiven fruchtigen Aroma von grünem Pfeffer, der leuchtend dunkle Roséwein Palivou vissino, dessen Aromen an Kirschen, Erdbeeren und Rosen erinnern, und der rote Biblia Chora, ein tiefdunkles Cuvée von Merlot und Cabernet-Sauvignon, ausgebaut in Eichenholzfässern, ergänzen das Angebot an italienischen und französischen Weinen.

Feta Psiti

(Gegrillter Schafskäse mit Gemüse)

Zutaten
für 4 Personen

150 g Schafskäse pro Person
1 Tomate
1 rote Paprika
1 Zwiebel
Pfeffer, Oregano
Olivenöl

Schwierigkeitsgrad:
einfach
Zubereitungszeit:
20 Minuten

Käse in 4 Scheiben, Tomate und Paprika in Würfel und die Zwiebel in Ringe schneiden. Pro Person ein ca. DIN A4 großes Stück Alufolie mit Öl bestreichen und mit jeweils einer Scheibe Käse belegen. Gemüse darübergeben und mit Pfeffer und Oregano würzen. Die Folie verschließen und ca. 6 Minuten auf dem Grill oder 12 Minuten bei 180 °C im Backofen garen.

Zutaten
für 4 Personen

4 Lammkarrees à ca. 220 g
1 Zweig Rosmarin
Olivenöl zum Anbraten

... für die Kruste:

2 EL Sesam
1 EL Senf
1 fein gehackte Knoblauchzehe
1 TL fein gehackte Schalotten
2 EL Butter
Salz und Pfeffer

... für die Safransoße:

1 EL gehackte Schalotten
1 EL Öl
1 EL Honig
1/8 l Weißwein
5 Fäden Safran

... für die Beilagen:

250 g Couscous
1 TL Salz
2 EL Butter

ca. 500 g Tagesgemüse
50 g Rosinen
60 g Pinienkerne
5 Stängel Minze

Schwierigkeitsgrad:
mittel
Zubereitungszeit:
50 Minuten

Arni Karre me Susami

(Gratiniertes Lammkarree mit Sesamkruste)

Für die Sesamkruste Schalotten und Knoblauch in Butter andünsten, in eine Schale geben, mit Senf und Sesam vermischen und mit Salz und Pfeffer würzen.

Olivenöl und Rosmarinzweig in der Pfanne heiß werden lassen und die Lammkarrees ca. 3 Minuten von jeder Seite scharf anbraten. Salzen und pfeffern. Das Fleisch herausnehmen, mit der Sesammischung bestreichen und für 6 Minuten in den auf 170 °C vorgeheizten Backofen stellen. Anschließend herausnehmen und 5 Minuten ruhen lassen.

Für die Safransoße Schalotten in 1 EL Öl und mit dem Honig in der Pfanne, in der zuvor das Lamm angebraten wurde, andünsten und mit Weißwein ablöschen. Safran hinzufügen und etwas einreduzieren lassen.

Couscous im Dampf garen. Nach 40 Minuten vom Herd nehmen, salzen und in einer Schale mit Butter anrichten.

Das Gemüse in gleich große Stücke schneiden und mit Olivenöl in einer Pfanne 10 Minuten anbraten. Mit Salz und Pfeffer würzen. Rosinen, Pinienkerne und Minze dazugeben und kurz mitbraten.

Loukoumades

(Griechische Hefeteigbällchen mit Honig und Zimt)

Zutaten
für 4 Personen

20 g Hefe
200 g Mehl
100 ml Wasser
Salz
1 EL Olivenöl
1 EL Zucker
3–4 EL Honig
3–4 EL gehobelte Mandeln
Zimt nach Belieben

1 l Olivenöl zum Frittieren

Schwierigkeitsgrad:
mittel
Zubereitungszeit:
25 Minuten + 6–7 Stunden Ruhezeit für den Teig

Aus Hefe, Mehl, Wasser, Salz, 1 EL Olivenöl und Zucker einen Teig herstellen und 6–7 Stunden ruhen lassen. Einen Topf zur Hälfte mit Olivenöl füllen und erhitzen. Mit einem Esslöffel walnussgroße Teigbällchen formen und im heißen Öl hellbraun frittieren. Aus dem Topf nehmen und das überschüssige Öl mit einem Küchenkrepp abtupfen. Die Loukoumades mit Honig bestreichen und mit den gehobelten Mandeln bestreuen. Zum Schluss etwas Zimt darüber geben.

Ygrec

Moderne griechische Küche

Inhaber: Ekaterini Daldou

Mathildenstraße 19 · 71638 Ludwigsburg
Telefon 07141 / 2 99 61 70 · Fax 07141 / 2 99 61 71
E-Mail ygrec@web.de
www.ygrec.de

Öffnungszeiten

Montag bis Samstag von 12.00 bis 15.00 Uhr und von 18.00 bis 23.00 Uhr
Sonntag von 17.00 bis 22.00 Uhr

Gut zu wissen

70 Sitzplätze
Terrasse mit 35 Sitzplätzen
Mittagstisch
Parken: Öffentliche Parkplätze und -Garagen in unmittelbarer Nähe

Weingut Herzog von Württemberg

Bis 1981 hatte die Hofkammer ihre Weinproduktion an zentraler Stelle mitten in Stuttgart, im Alten Schloss. Michael Herzog von Württemberg, innerhalb des Hauses Württemberg seit 1996 verantwortlich für die edlen Tropfen aus eigenen Lagen, erinnert sich noch daran, wie er mit seinen wenig älteren Brüdern – und nicht gerade zur Freude des damaligen Kellermeisters – die Fassrutschen zur rasanten Abfahrt in die Keller des ehrwürdigen Gebäudes benutzte. Nach seinem Studium der Landwirtschaft an der Universität Freising führte Herzog Michael das Weingut in die Moderne, zielsicher Tradition der weitgestreuten Lagen und Qualitäten mit Innovation in der Weinherstellung und zeitgemäßer Präsentation verknüpfend. Seit 2003 firmiert das ehemalige Weingut des Hauses Württemberg Hofkammerkellerei unter dem neuen Namen Weingut Herzog von Württemberg in den kürzlich umgebauten und mit neuester Weinproduktionstechnik ausgestatteten Gebäude aus dem Jahr 1981 auf der Domäne Schloss Monrepos, gleich hinter der Meierei.

Die Tradition des Weinbaus im Haus Württemberg reicht, wen wundert es, weit zurück, der früheste Beleg datiert ins Jahr 1289. Bald nach dem Ende des Dreißigjährigen Krieges war 1649 durch Herzog Eberhard III. die Kammerschreiberei, Vorläufer der heutigen Hofkammer, gegründet worden. Im gleichen Jahr erwarb Herzogin Anna Katharina den Steinbachhof bei Gündelbach (Vaihingen-Enz), dessen Weinberge bis heute genutzt werden – unter anderem für einen seltenen Lemberger Weißherbst Eiswein. Als 1677 die „Kammerschreiberkellerei" in Untertürkheim errichtet wurde, waren bereits weitere Weinberge am Asperger Berg und in der Herrschaft Stetten im Remstal sowie der Untertürkheimer Mönchberg hinzugekommen. Der Mundelsheimer Käsberg folgte 1713 und der Steinbachhof ging 1757 an die Kammerschreiberei über. Bald nach der Erhebung Württembergs zum Königreich wurde in den Jahren 1807 bis 1810 die Kellerei von Untertürkheim nach Stuttgart in das Alte Schloss verlegt. 1812 erwarb man Weinberge in Hohenhaslach, 1872 schließlich den Eilfingerberg bei Maulbronn, eine der ältesten und besten Weinlagen in Württemberg, zurückreichend bis ins 12. Jahrhundert und verknüpft mit einer Geschichte über den Ursprung des Namens. Die Mönche des Klosters lebten streng nach der Regel der Zisterzienser, die Weingenuss in der Fastenzeit verbot. Sie tauchten nur ihre Finger in das köstliche Getränk, um sie danach abzulecken. Manch einer der Brüder wünschte sich dabei, elf statt zehn Finger zu haben, und der Name „Eilfingerberg" war geboren. Heute wachsen in der geschichtsträchtigen Lage die Rebsorten Riesling, Traminer, Weißburgunder, Silvaner und Lemberger.

Herzog Michael, jüngster Sohn von Carl Herzog von Württemberg und Diane von Orléans, hat eine tiefe persönliche Beziehung zum Weinbau. Man merkt ihm an, dass er für seine Aufgabe Begeisterung empfindet, für die Zyklen des Wachstums, für den Ausbau, den unterschiedlichen Jahrgangscharakter der Lagen: „Man sieht, wie es wächst, man sieht immer wieder eine neue Geburt, jedes Jahr unterschiedlich." Mit seinen fünf Geschwistern in Oberschwaben aufgewachsen, hat er selbst zum ersten Mal mit 14 Jahren Wein am Tisch getrunken. Doch erst während des Studiums, mit 21, entdeckte er den Wein für sich und auch, was für Arbeit er macht. Immer in Rücksprache mit seinem Vater, Herzog Carl, und seinem ältesten Bruder, Herzog Friedrich, hat er das Weingut neu auf dem Markt positioniert. Bereits ein Jahr nach seinem Einstieg 1996 erklärte die Zeitschrift „Alles über Wein" das Weingut zum Aufsteiger des Jahres. Mit seinen rund 42 Hektar Rebfläche ist es das größte private Weingut im Anbaugebiet Württemberg. Es ist Mitglied im VDP, dem Verband deutscher Prädikatsweingüter. Mit dem Oenologen und Gutsleiter Christian Lintz aus Neuseeland hat Herzog Michael einen kompetenten Fachmann an seiner Seite.

Herzog Michael von Württemberg

Das herzogliche Sortiment ermöglicht eine Weinreise durch Württemberg auf höchstem Niveau. Die Unterschiedlichkeit der Lagen spiegelt sich in der Breite des Angebots, das in die Kategorien Meisterwerke, Lagenweine und Gutsweine Schloss Monrepos aufgefächert ist und um edelsüße Weine, Sekt und Secco ergänzt wird. In den Hauptkategorien wurden eigene Cuvées entwickelt, wie bei den Meisterwerken „Ducissa", ein Rotwein-Cuvée aus Cabernet und Spätburgunder im Barrique-Ausbau, und „Dux", das Spitzencuvée des Weinguts aus Cabernet und Lemberger, das achtzehn Monate in kleinen Eichenholzfässern reift. Bei den Gutsweinen firmieren die Cuvées unter der Devise des Grafen Eberhard im Bart „Attempto" (lat.: „Ich wag's"). Dem Weißwein-Cuvée aus Weißburgunder, Riesling und Traminer steht hier ein Rotwein-Cuvée aus Lemberger, Spätburgunder und Cabernet zur Seite. Regelmäßig finden im Weingut Herzog von Württemberg Weinproben zu Themen wie „Monrepos Classics", „Königlicher Genuss", „Spiel der Aromen" oder „Schokolade und Wein" statt. Fester Bestandteil sind dabei die Kellerführungen, vorbei an modernen Edelstahlfässern, aber auch großen ovalen Eichholzfässern, deren Holz teilweise aus den herzoglichen Wäldern stammt und in denen nach alter Tradition die Rotweine reifen. Die Barriquefässer wiederum bestehen aus Eichen der eigenen Wälder. Zwei große Fässer fallen auf, sie erinnern an 350 Jahre Hofkammer und 200 Jahre Erhe-

bung Württembergs zum Königreich und stammen aus den Jahren 1999 und 2006. Ferner stehen Lesungen, kulinarische Weinproben im Schlosshotel Monrepos oder Weinerlebnistouren mit Besichtigung der einzelnen herzoglichen Lagen auf dem Programm. Höhepunkte sind die Sommerfeste im Weingut auf der Domäne Monrepos mit Weinproben, Kellerführungen, Live-Musik und kulinarischen Köstlichkeiten. Auf der Fachmesse Pro Wein präsentiert sich das Weingut Herzog von Württemberg gemeinsam mit drei weiteren Adelsgütern aus Württemberg. Über 90 Prozent der herzoglichen Weine werden, so Herzog Michael, in Württemberg verkauft an Endverbraucher, Gastronomie und Hotellerie, Großhändler und Industriekunden – die Württemberger lieben halt ihre eigenen Weine.

Nach seinem Lieblingswein aus eigenem Keller befragt, antwortet Herzog Michael ohne zu zögern: Stettener Brotwasser. Das Stettener Brotwasser mit seinen Sandsteinterrassen gleich unterhalb der Ruine Y-Burg im Remstal gehört zu den besten Rieslinglagen Württembergs. Der eigentümliche Lagenname erinnert an die Gewohnheit einer Ende des 17. Jahrhunderts in Stetten residierenden Hofdame, die sich stets Wein in ihren Brotwasserkrug füllen ließ, um ihren Weinkonsum zu verbergen. Und so konnte sie jedes Mal, wenn sie das trockene Brot in den Krug mit dem vermeintlichen Wasser tauchte, einen kräftigen Schluck Wein zu sich nehmen. Die kleine List freilich blieb nicht lange verborgen, da ihre Dienerschaft statt zum Brunnen stets zum Keller lief, und so kam der Lieblingswein der Hofdame zu seinem Namen.

Weingut Herzog von Württemberg

Schloss Monrepos · 71634 Ludwigsburg
Telefon 07141 / 2 21 06-0 · Fax 07141 / 2 21 06-260
E-Mail weingut@hofkammer.de
www.weingut-wuerttemberg.de

Aromakost

Feine Weine und andere Köstlichkeiten

Dreherei, Schirmfabrikation, Unterkunft eines Premierlieutenants des königlichen Landjägerstationskommandos, Betten- und Aussteuergeschäft, Schallplattenladen, Schuhgeschäft – das 1725 erbaute Wohn- und Geschäftshaus mit den einzigartigen abgerundeten Schaufenstern in der Eberhardstraße 10 hat eine wechselvolle Geschichte. Seit Sommer 2010 wird sie von Birgitt Mockler fortgeschrieben. Die Sommelière hat sich hier mit der Eröffnung eines Weinfachhandels einen Traum erfüllt. Nach vielen Jahren in renommierten Hotels und Restaurants im In- und Ausland zog es Birgitt Mockler wieder zurück nach Ludwigsburg, wo sie aufgewachsen ist. Sie kehrte der Sternegastronomie den Rücken und nahm eine kurze Auszeit, um den Jakobsweg zu pilgern. Zurück in Ludwigsburg machte sie sich sofort auf die Suche nach den passenden Räumen für ihre „Aromakost". Als Standort kam dabei nur die Eberhardstraße in Frage. „Hier gibt es viele kleine, feine Geschäfte und Restaurants, deren Inhaber noch selbst hinter der Theke bzw. in der Küche stehen", schwärmt die umtriebige Spezialistin in Sachen Wein. Klein und fein – so lassen sich auch die Kriterien auf einen Nenner bringen, anhand derer Birgitt Mockler ihre Lieferanten auswählt. Ausnahmslos Familienweingüter – hauptsächlich aus Deutschland, Portugal und Spanien – sind bei ihr zu finden. Besonders am Herzen liegen ihr die jungen Winzer aus Schwaben, die hervorragende Württemberger Weine produzieren. Feine Öle, hochwertige Essige, Tapanaden, Liköre, Whisky, Schokolade und andere Köstlichkeiten ergänzen das Weinsortiment. Auch viele dieser Produkte kommen aus der Region. Und so lautet auch ihr Tipp für alle Weinkenner und die, die es werden wollen: „Erst mal schauen, was vor der Haustüre wächst, offen sein, Neues probieren, allem eine Chance geben und dann entscheiden: Schmeckt oder schmeckt nicht." Die zahlreichen Themenweinproben, die Birgitt Mockler anbietet, sind eine gute Gelegenheit dazu.

Aromakost

Birgitt Mockler, Sommelière

Eberhardstraße 10 · 71634 Ludwigsburg
Telefon 07141 / 2 39 13 71 · Fax 07141 / 6 43 37 43
E-Mail info@aromakost.de
www.aromakost.de

Kaffee, Tee und Schokolade – die „drei warmen Lustgetränke"

Im Barock begann in Europas Fürstenhäusern der Siegeszug von Kaffee, Tee und Schokolade. Genossen wurden die neuen Luxusgetränke am liebsten aus feinstem Porzellan. Dabei war es eine Zeit lang Sitte, den heißen Kaffee zur Abkühlung aus der Tasse in die Untertasse zu gießen und ihn direkt daraus zu trinken. Mit den „drei warmen Lustgetränken" kamen auch neue Geschirrformen in Mode. Tee wurde am Tisch aufgebrüht, daher gehörten Teedosen und Kummen zu jedem Teeservice. Kummen nannte man etwas größere Schalen, in denen die leergetrunkenen Teetassen vor dem Genuss einer weiteren Portion Tee ausgespült wurden. Die runde Form der Teekannen wurde aus China – dem Herkunftsland der Teekultur – übernommen. Ebenso die Form der Koppchen, der kleinen henkellosen Teetassen. Für Schokolade wurde eine völlig neue zylindrische Kannenform erfunden. Das teuerste der drei warmen Lustgetränke wurde besonders heiß serviert und vor dem Eingießen mit einem Quirl geschäumt. Getrunken wurde die Köstlichkeit aus hohen Tassen, die die Wärme besser hielten. Kaffee reichte man in Kannen mit hoch angesetztem Ausguss, so konnte der Kaffeesatz zurückgehalten werden.

Joseph Süßkind Oppenheimer (Jud Süß) richtete in den 1830er Jahren in der Eberhardstraße 28/Ecke Kaffeeberg ein Kaffeehaus ein. Das Gebäude war 1719 von General Sternenfels gebaut worden. Ab Ende des 19. Jahrhunderts betrieb Gottlieb Merkle in dem Anwesen eine Tuch- und Möbelhandlung.

Nachdem Johann Friedrich Böttger in Meißen 1708 das Rätsel der Porzellanherstellung gelöst hatte, war der Siegeszug des „weißen Goldes" in Europa nicht mehr aufzuhalten. Viele Fürstenhäuser hatten den Ehrgeiz, ihre eigene Porzellanmanufaktur zu errichten. Der Handwerksmeister Elias Vater schlug 1729 Herzog Eberhard Ludwig vor, „so schenes Porzellan zu machen als derley in Sachsen zu haben." Doch zur Gründung der Ludwigsburger Porzellanfabrik kam es erst knapp 30 Jahre später. Am 5. April 1758 gründete Carl Eugen mit der „Herzoglich-ächten Porcelaine-Fabrique" die achte der großen europäischen Porzellanmanufakturen. Der Herzog konnte nun sein eigenes Speise- und Zierporzellan herstellen lassen und musste es nicht länger aus anderen Ländern einführen. Carl Eugen erkannte auch bald die Bedeutung von wertvollem Porzellan als repräsentatives diplomatisches Geschenk. Nur wenige Jahre nach Gründung der Manufaktur entwarf der Maler Gottlieb Friedrich Riedel das bis heute einzigartige Schuppenmuster. Dieses Relief überzieht die Gefäße wie eine zweite Haut, indem es sich weitend und verengend an die Wölbungen des Geschirrs anpasst.

Im Laufe der Jahre wurde der Genuss von Kaffee, Tee und Kakao für immer mehr Bürger erschwinglich, in Deutschland und Europa entstanden immer mehr Kaffeehäuser. So auch in Ludwigsburg: 1722 kaufte der Italiener Lazaro das 1713 von Johann Friedrich Nette erbaute Eckhaus Schlossstraße 27 und eröffnete dort Ludwigsburgs vermutlich erstes Kaffeehaus. So kam auch der Kaffeeberg zu seinem Namen. Während der Regentschaft Herzog Karl Alexanders wurden alle Kaffeehäuser in Ludwigsburg aufgehoben. Lediglich Joseph Süßkind Oppenheimer war es erlaubt, „eines oder zwei zur Bewirtung der Fremden und Einheimischen bequeme, womöglich dem Schlosse nahe gelegene Kaffeehäuser einzurichten."

Das berühmte Schuppenmuster der Porzellanmanufaktur Ludwigsburg

Im Schloss war die sogenannte Kaffeekammer für die Zubereitung der heiß geliebten Getränke zuständig. Die Kaffeekammer war im Erdgeschoss des Theaterbaus untergebracht. Hier wurde der Kaffee täglich frisch geröstet. 1810 gehörten ein Hof-Kaffeesieder, ein Reise-Kaffeesieder, der König Friedrich auf seinen Reisen begleitete, sowie eine Kaffee-Magd zum Personal.

Aus einer im Juli 1797 ausgestellten Rechnung geht hervor, dass „Levantinischer Caffee" und „Bourbon Caffee" angeboten wurde. Zudem gab es „feine" und „ordinäre Wiener Chocolade" sowie „russischen" und „ordinären" Tee. Friedrich bevorzugte offensichtlich den „Levantinischen Caffee", von dem die Kaffeekammer in einer Woche ein Pfund (seinerzeit 467,5 g) an ihn abgegeben hatte. Gleichzeitig erhielt er 820 g Zucker. Friedrichs Gemahlin Charlotte Mathilde liebte den Kaffee wohl noch mehr: Sie erhielt in derselben Woche zwei Pfund Kaffee und dazu die dreifache Menge Zucker.

Mehr zu den „drei warmen Lustgetränken" erfahren Sie im Ludwigsburger Keramikmuseum sowie in den Sonderführungen

- Kaffeeklatsch bei Königs
- Ludwigsburger Kaffee „kult-Tour"

Kaffeekultur heute

Heute ist der Genuss von Kaffee selbstverständlicher Bestandteil unseres Alltags. Längst hat der klassische Bohnenkaffee, den man sich zum Frühstück oder beim Kaffeekränzchen schmecken ließ, zahlreiche Konkurrenz bekommen: Cappuccino, Milchkaffee, Latte Macchiato, Espresso, Cortado & Co. findet man in beinahe jedem Café oder Restaurant. In diese Ludwigsburger Cafés haben wir neig'schmeckt:

Arabica, Holzmarkt 2

Für den Kaffeegenuss zwischendurch. Oberhalb des Kaffeebergs gelegen. Erlesene Auswahl an Schokoladen und Kaffee.

Bubbles, Mathildenstraße 21

Stehcafé mit feinem Retro-Charme. Brigitte und Jürgen Mattes brühen die frisch gemahlenen Bohnen in ihrer „Belle Epoque" zu den unterschiedlichsten Kaffee- und Espressospezialitäten. Für den kleinen Hunger gibt es Sandwiches, Muffins, Kuchen und an manchen Tagen eine feine, selbstgemachte Suppe.

Ennui Cafébar, Seestraße 3

Ob Frühstück, Mittagessen, Nachmittagskaffee oder das Glas Wein am Abend – im „Ennu" (das „i" lassen die Ludwigsburger einfach unter den Tisch fallen) trifft man sich gerne zu jeder Tages- und Nachtzeit.

Café Mohrenköpfle, Heilbronner Straße 140

Ludwigsburger Tradtionscafé seit 75 Jahren. Mit großer Auswahl an Kuchen und Torten. Inhaber Jörg Adamek betreibt auch das Ratskeller Café in der Wilhelmstraße 13.

Bäckerei und Konditorei Luckscheiter

Auf mehr als 110 Jahre Geschichte blickt das Haus Luckscheiter zurück. Den Grundstein legte Karl Gottlob Luckscheiter im Jahr 1900 mit der Eröffnung seiner Bäckerei in der Bauhofstraße. Sein Sohn Karl Christian verlegte die Bäckerei 1932 in ein ehemaliges Gasthaus mit angeschlossener Backstube in der Wilhelmstraße und eröffnete hier im selben Jahr auch das Café. 1958 übernahm Karl Fritz Luckscheiter, Karl Christians Sohn, das Unternehmen und übergab es 1994 an seine Tochter Elfi und ihren Ehemann Bernhard Remmele. Mit Sohn Felix steht auch schon die 5. Generation in den Startlöchern: Der junge Bäcker und angehende Konditor wird seine Eltern im Jahr 2015 ablösen. Auch wenn Bernhard Remmele sich aus dem Geschäft zurückzieht – zur Ruhe setzen wird er sich nicht. Dazu hat er zu viele Ideen im Kopf.

Seinem Ideenreichtum sind auch zahlreiche Neuerungen der letzten Jahre zu verdanken. So hat er den Kundenstamm mit cleverer Akquise deutlich erweitert. Längst schwören nicht mehr nur Privatleute auf die leckeren Brote, Kuchen, Torten und Confiserie-Spezialitäten, auch zahlreiche Restaurants und Firmenkunden werden täglich beliefert, z. B. mit dem herzhaften, nach altem Rezept gebackenen Schlossbrot. Und wer sich auf dem Ludwigsburger Weihnachtsmarkt eine Bratwurst schmecken lässt, erhält dazu nicht selten ein Meisterbrötchen aus der Luckscheiter-Backstube. „Qualität, Frische, Vielfalt und ökologische Nachhaltigkeit", so bringt Bernhard Remmele sein Erfolgsrezept auf den Punkt. Die meisten Zutaten kommen aus der Region und natürlich wird alles frisch zubereitet – auch die typisch schwäbischen Gerichte wie Maultaschen, Rouladen und Leber, die zur Mittagszeit im Café serviert werden.

Süße Vielfalt: Rund 80 Pralinensorten werden in der Wilhelmstraße von Hand gefertigt.

2009 wurde das Café im traditionellen Kaffeehausstil renoviert.

Luckscheiter
Bäckerei, Konditorei, Café

Wilhelmstraße 18 · 71638 Ludwigsburg
Telefon 07141 / 92 35 89
E-Mail b.remmele@baeckerei-luckscheiter.de
www.baeckerei-luckscheiter.de

Luckscheiters Kirsch-Grieß-Kuchen

Zutaten

… für den Mürbteig:

250 g Mehl
125 g kalte Butter
60 g Zucker
20 g Vanillezucker
1 Ei
1 Prise Salz

… für den Belag:

70 g Marzipanrohmasse
500 ml Milch
120 g Grieß
Zimt
1 Prise Gewürznelken gemahlen
4 Eier
3 Eiweiß
220 g Zucker
1 kg entsteinte Süß- oder Sauerkirschen
30 g Mandelstifte

Schwierigkeitsgrad:
mittel
Zubereitungszeit:
1½ Stunden + 1 Stunde Kühlzeit für den Teig

Die Zutaten für den Teig in eine Schüssel geben und zügig zu einem Mürbteig kneten. Teig ausrollen und eine runde Backform (26–28 cm Durchmesser) damit auslegen. Marzipan dünn auswellen und auf den Teig geben. Das Ganze für mindestens 1 Stunde kalt stellen.

Grieß, Zimt und gemahlene Gewürznelken mischen. Die Milch aufkochen und mit der Grießmischung abbinden. Nach und nach die 4 Eier unterrühren.

Eiweiß steif schlagen, den Zucker langsam dazugeben und vorsichtig unter die Grießmasse heben. Kirschen unterziehen und die Masse gleichmäßig auf dem Boden verteilen. Mit den Mandelstiften bestreuen und bei 180 °C ca. 60 bis 70 Minuten backen.

Unifranck Caro Landkaffee

O Ludwigsburg, du edle Stadt,
Wo es so viel Soldaten hat,
Artillerie, Infanterie,
Und zweierlei Cavallerie,
Wie mehrt sich deine Gloria
Zumal durch die Cichoria!
Juchhe!

Einst warst du zweite Residenz,
Doch nur im Sommer und im Lenz,
Jetzt thront in dir mit Prachtgestank
Allzeit der Wurzelsieder Franck.
Dich rühmt die Welthistoria
Als Hauptstadt der Cichoria,
Juchhe!

Lieb Ludwigsburg, kannst ruhig sein!
Bricht je ein Feind ins Land herein,
Schnell geht der Feuerwerker her
Und füllt in Bomben zentnerschwer
Den Stinkdampf der Cichoria
Dem Feinde zur Memoria,
Juchhe!

Zerplatzt ein solches Hohlgeschoß
Colonnenweis fällt Mann und Roß;
Und mehrt sich erst das Bum Bum Bum,
Divisionen stürzen um,
Potz Donner, Blitz und Doria,
Wer trotzt noch der Cichoria,
Juchhe!

So spottete wohl nur, wer sich echten Bohnenkaffee leisten konnte. Doch es steckt mehr als ein Körnchen Wahrheit im „Lobgesang" des aus Ludwigsburg stammenden Friedrich Theodor Vischer (1807–1887) auf die Produktion von Ersatzkaffee, im Volksmund auch als „Muckefuck" bekannt. Gewonnen wurde er damals wie heute aus der Wurzelzichorie, einer Unterart der Gemeinen Wegwarte, lateinisch Cichorium intybus. Sie wurde ursprünglich geröstet und gemahlen dem Bohnenkaffee zugesetzt, um diesem mehr Farbe und Bitterkeit zu verleihen. Jedoch war echter Bohnenkaffee für viele Verbraucher meist zu teuer. Darum wurde dieser gerne mit Kaffeezusätzen wie der Zichorie gestreckt oder gleich ganz ersetzt. Zu den botanischen Verwandten der Wurzelzichorie gehört übrigens auch der Chicorée und der Radicchio, nur dass man hier die Sprossen und nicht die Wurzeln verzehrt.

Die Zichorienfabrik Heinrich Franck Söhne, später Unifranck, übertrumpfte so manchen Konkurrenten auf dem umkämpften Weltmarkt. Der Siegeszug des in Vaihingen/Enz gegründeten Unternehmens ist eng mit Ludwigsburg verknüpft. Denn erst die Ansiedlung in der Barockstadt im Jahr 1868, unmittelbar an der 1846 erbauten Eisenbahnlinie Stuttgart–Heilbronn, ermöglichte der Firma weitreichende Exportmöglichkeiten und somit den Einstieg in überregionale Märkte. Davon profitierte auch die ehemalige Residenzstadt – wirtschaftlich, gesellschaftlich und kulturell.

„Ich werde Sie stets guth und redlich bedienen."

Firmengründer Johann Heinrich Franck (1792–1867) betrieb zunächst in Vaihingen/Enz ein kleines Handelsgeschäft. Als ihn dies nicht mehr ausfüllte, hatte er den Gedanken, ein für den Massenverbrauch bestimmtes Produkt herzustellen. Er soll es sich dabei lange überlegt haben, ob er sich der Zichorienfabrikation oder der Brauerei widmen sollte. Bereits als Soldat hatte er während der Freiheitskriege (1813–1815) die durch die Kontinentalsperre Napoleons entstandene Zichorienindustrie in Nordfrankreich kennengelernt und ein Rezept zur Herstellung mitgebracht. Nachdem es ihm in aufwendigen Versuchen gelungen war, einen für den Verkauf brauchbaren Zichorienkaffee zu gewinnen, errichtete er 1828 in Vaihingen/Enz eine kleine Zichorien-Manufaktur mit 13 Mitarbeitern. Der Absatz lief so gut, dass die Fabrik schon nach einigen Jahren durch den Ankauf weiterer Gebäude und die Errichtung von Darren für das Trocknen der Wurzeln im Umland erweitert werden konnte. Jedoch erkannte der Firmengründer die fehlende Eisenbahnanbindung als Hindernis für die weitere Entwicklung des Unternehmens und empfahl darum seinen Söhnen Wilhelm Heinrich, Heinrich Gustav, Herrmann Heinrich und Karl Heinrich, die inzwischen in die Firma eingetreten waren: „In Vaihingen ist kein Weiterkommen; Stillstand aber ist Rückschritt“. 1868, ein Jahr nach Johann Heinrichs Tod, bot sich die Gelegenheit zum Kauf eines großen Grundstücks gegenüber dem Bahnhof Ludwigsburg und in der Folge wurde die Fabrik dorthin verlegt.

Ein strenger Ton herrschte damals in den Franck'schen Fabrikhallen, wie eine erhaltene Fabrikordnung von 1882 zeigt. Die Arbeitskräfte hatten nicht nur pünktlich auf die Minute ihre Tätigkeit zu beginnen, die mitunter vierzehn Stunden andauern konnte. Darüber hinaus verlangte die Fabrikordnung beispielsweise die Einhaltung eines „nach jeder Richtung geordneten und gesitteten Lebenswandels“ sowie, „daß er wohl an geselligen, wohlthätigen und religiösen Vereinen sich beteiligen kann und soll, nicht aber an solchen, welche gegen eine sittliche Weltordnung gerichtet sind“. 1906 machte eine werkseigene Kantine die zeitaufwendige Selbstverpflegung der Arbeiter unnötig. Bis in die 1950er Jahre wurde in der Mittagspause noch getrennt nach Geschlechtern gegessen.

Die immer größer werdenden Entfernungen sowohl zu den Produzenten der Rohstoffe als auch zu den Kunden, aber auch die Einführung von Schutzzöllen in Deutschland und den Nachbarländern im Jahre 1879 machte die Errichtung von Produktionsstätten im Ausland notwendig. So entstanden bis 1913 in elf europäischen Staaten sowie den USA insgesamt 27 Franck'schen

Zichorienfabriken, da außerdem eine Reihe kleinerer Konkurrenzfirmen aufgekauft worden waren. Insgesamt wurden damals 200 Vertreter, 450 Angestellte und 2.800 Arbeiter beschäftigt. In Ludwigsburg selbst war Franck Söhne bis in die 1920er Jahre der größte Arbeitgeber. Schon vor dem ersten Weltkrieg war das Unternehmen mit rund 30 Prozent am Gewerbesteueraufkommen der Stadt Ludwigsburg beteiligt.

Wie viele patriarchische Unternehmerfamilien jener Zeit fühlten sich auch die Francks für das Wohlergehen ihrer Mitarbeiter verantwortlich. Es wurde eine Unterstützungskasse eingerichtet, in deren Ausschuss bereits in den 1880er Jahren Arbeiterinnen wählen und gewählt werden konnten. Laut Satzung sollten drei der neun Sitze im Ausschuss von Frauen besetzt werden. Außerdem errichteten die Francks Wohnungen für ihre Belegschaft sowie einen Kindergarten für den Nachwuchs. So wurde 1874 mit dem Bau von Beamtenwohnhäusern in der Keplerstraße 6 und 10 begonnen, die heute noch erhalten sind. 1876 kamen zwei große Häuser für die Arbeiter und deren Familien hinzu.

Viele Stiftungen verdankte die Stadt Ludwigsburg damals der Familie Franck, darunter den Umbau des Chors der Stadtkirche 1888/89, den Gustav-Franck-Kindergarten, die Friedhofskapelle und die 1904 eröffnete Robert-Franck-Schule (Gewerbe- und Handelsschule). Noch heute erinnert die von Hermann Franck (1838–1902) gestiftete und 1890 eingeweihte Musikhalle gegenüber dem Bahnhof Ludwigsburg an das großzügige Mäzenatentum des Unternehmers. 1899 veranlasste er zahlreiche weitere Stiftungen für ganz unterschiedliche Zwecke. Neben einer Krankenstiftung, einer Armenstiftung und mehreren Stipendienstiftungen für Gewerbeschüler, junge Kaufleute und Handwerksgehilfen sorgte er mit einer Stiftung in Höhe von 100.000 Mark speziell für die Erhaltung und Pflege von Bäumen und Gehwegen im öffentlichen Bereich.

Sein Sohn Richard Franck (1871–1931) gründete 1915 die „Weltkriegsbibliothek“, in der alle möglichen Druckerzeugnisse zur Geschichte des Ersten Weltkriegs gesammelt werden sollten: in- und ausländische Bücher, Zeitungen, Karten, Fotos, Briefe und Tagebücher. Aufgrund seines weitverzweigten Netzes geschäftlicher und privater Verbindungen konnte Franck sowohl im damals neutralen als auch im feindlichen Ausland und sogar in den USA Sammelstellen einrichten lassen. Die Sammlung existiert heute noch als Bibliothek für Zeitgeschichte in Stuttgart.

Typisch für die Firma Franck waren die Konzentration auf die Qualität ihrer Produkte sowie moderne und rationelle Produktionsverfahren. „Ich werde Sie stets guth und redlich bedienen" – dieser Satz aus einem Schreiben des Firmengründers Johann Heinrich Franck an einen Kunden wurde später immer wieder gerne zitiert. Zum anderen setzten die Francks stark auf die Entwicklung des Vertriebs. Bereits Johann Heinrich Franck besuchte seine Kunden immer persönlich. Größere Strecken legte er mit dem Pferdewagen zurück. Schon in den Jahren vor 1900 wurde im Vertrieb dann auch das Auto eingesetzt.

Bereits früh entwickelte sich Ersatzkaffee der Firma Franck zu einem Markenartikel. Um sich vor Nachahmern zu schützen, hatten die Packungen anfangs als Markenzeichen den Löwen, das Wappentier der Vaihinger. Später wurde er durch die Kaffeekanne und die Tasse ergänzt, bis in den 1890er Jahren die noch heute bekannte Kaffeemühle eingeführt wurde. Zum markenrechtlichen Schutz kam noch die Verwendung der Produktbezeichnung „Aecht Franck", sowie die Unterschrift „Heinrich Franck Söhne" hinzu. Mit dem Vertrieb dieses Markenartikels ging ebenfalls ab etwa 1890 auch eine eigene Werbung einher. Für „Aecht Franck" wurde nicht nur auf Aufstellern, mit Anzeigen in Tageszeitungen, sondern auch mit großflächigen Außenplakaten geworben, was zu dieser Zeit noch sehr ungewöhnlich war.

Kornfranck hält gesund und frisch,
Kornfranck muß auf jeden Tisch!

Als sich zu Beginn des 20. Jahrhunderts mit dem Malzkaffee ein neuer Markt entwickelte, nahm auch die Firma Franck mit der Marke „Kornfranck" daran teil. Jahrelang kämpften „Kornfranck" (Roggenmalzkaffee) und das Konkurrenzprodukt „Kathreiner" (Gerstenmalzkaffee) um die Gunst der Verbraucher. Franck warb ab 1912 mit der „Kornfranck-Tante" des Grafikers und Typografen Louis Oppenheim, der damals auch die Reklame für so prominente Produkte wie Persil entwarf. Mit der „Kornfranck-Tante" hatte Oppenheim eine so einprägsame Figur geschaffen, dass sie nicht nur zum Symbol für das Produkt, sondern bald auch für das gesamte Unternehmen wurde. 1913 wurde das Gesamtunternehmen in verschiedene nationale Gesellschaften aufgeteilt. Nach dem Ende des Ersten Weltkriegs bildeten sich in den Nachfolgestaaten Österreich-Ungarns eigenständige Franck-Betriebe in Form von nationalen Aktiengesellschaften. In Slowenien und Ungarn bestehen heute noch Kaffeespezialitäten-Anbieter unter dem Namen Franck. Bis Ende der dreißiger Jahre hatten Franck und der Mitbewerber Kathreiner den größten Teil der Konkurrenten entweder aufgekauft oder vom Markt verdrängt. 1944 fusionierten dann beide Unternehmen unter dem Namen Franck und Kathreiner.

1954 brachte das Unternehmen mit dem „Caro-Kaffee" den ersten sofort wasserlöslichen Landkaffee auf den Markt. Die Geschäftsführung erkannte jedoch gleichzeitig, dass man neben dem schwindenden Geschäft mit Ersatzkaffee ein neues Standbein zum Überleben brauchte, und stieg darum mit der Übernahme von „Thomy" und anderen Marken in den Feinkostmarkt ein. 1964 wurde das Unternehmen darum in Unifranck umbenannt. 1971 fusionierte Unifranck mit dem Lebensmittelkonzern Nestlé. Das ehemals Franck'sche Stammwerk ist der einstigen Residenzstadt treu geblieben und steht unmittelbar westlich des Bahnhofs – als Werk Ludwigsburg der Nestlé Deutschland AG. Heute werden dort jährlich bis zu 2.000 Tonnen Zichorienwurzeln mit Gerste, Roggen und Gerstenmalz zu Landkaffees der Marken „Caro-Kaffee", „Kathreiner" und „Linde's" verarbeitet. Und auch der Anbau der Wurzelzichorie erlebt nach langen Jahren des Niedergangs heute wieder eine Renaissance, da aus ihr der von der Lebensmittelindustrie vermehrt für sogenannte Functional Food eingesetzte präbiotische Ballaststoff Inulin gewonnen wird.

Kulinarische Einkaufstipps

Seybold's Fischhalle

Inhaber: Andreas Seybold
Eberhardstraße 14
71634 Ludwigsburg
www.seybolds-fischhalle.de

Familienunternehmen mit über 475 Jahre währender Fischhandelstradition. Biofisch-Zertifikat; Naturland- und MSC-zertifiziert. 2011 vom Fischmagazin als Deutschlands bestes stationäres Fisch-Fachgeschäft mit dem Seafood-Star ausgezeichnet. Wild und Geflügel aus heimischen Revieren. Eigene Jagd im Odenwald.

Wein & Teelädle

Inhaberin: Liz Merza
Seestraße 9
71638 Ludwigsburg

Individuelle Teemischungen, feine Liköre, Grappas, Sherry, Port, Essige und Öle

Weinhandlung Bronner

Inhaberin: Nicole Porsch
Osterholzallee 7
71636 Ludwigsburg
www.bronner.de

Große Auswahl an Weinen und Hochprozentigem. 13 Länder, mehr als 70 Anbauregionen, 180 Winzer

Runde Ecke Spirituosen Kontor

Inhaber: Armin Scheuble
Myliusstraße 4
71638 Ludwigsburg
www.die-runde-ecke.de

Armin Scheuble bietet in „seiner Ecke" eine feine Auswahl an Produkten für Spirituosen- und Tabakliebhaber: z. B. Whisky, Liköre, Rum, Cognac, Absinth, Gin, Wodka und Zigarren. Der Ladeneinbau stammt von 1922.

Rapunzel Naturwaren

Inhaberin: Sabine Deutscher
Lindenstraße 40
71634 Ludwigsburg
www.lindenstrasse40.de

Seit mehr als 30 Jahren bekommt man in dem Naturwarengeschäft alles für die gesunde Ernährung. Feine Gewürze, Heilkräuter, Tee – auch für die ayurvedische Küche – und vieles mehr. Inhaberin Sabine Deutscher dürfte so manchem Ludwigsburger auch als Amalie Bruckmann bekannt sein. In dieser Rolle bietet sie seit 2011 historische Führungen durch die Eberhardstraße und die Innenstadt.

Metzgerei Lemberger

Inhaberin: Marianne Lemberger
Schorndorfer Straße 113
71638 Ludwigsburg
www.metzgerei-lemberger.de

Familienunternehmen mit mehr als 75-jähriger Geschichte. Viele Wurstspezialitäten nach traditionellen Rezepten. Die Metzgerei ist bekannt für ihre Aufschnittwurst- und Schinkenspezialitäten. Catering für Privat- und Firmenkunden.

Land Würth

Inhaber: Uwe und Volker Würth
Stammheimer Straße 45
71636 Ludwigsburg-Pflugfelden
www.landwuerth.de

Hofmarkt mit großer Auswahl an frischem Obst und Gemüse – vieles aus eigenem Anbau. Außerdem gibt's Milch- und Getreideprodukte, Kaffee, Tee, Wurst- und Käsespezialitäten, Antipasti, Brotaufstriche und andere Köstlichkeiten.

Spezialitätenmetzgerei Wörz

Inhaber: Günter Wörz
Möglinger Straße 11
71636 Ludwigsburg-Pflugfelden
www.metzgerei-woerz.de

Fleisch- und Wurstwaren aus eigener Schlachtung. Salate, Käse, Feinkost, Frisch- und Räucherfisch ergänzen das Angebot. Catering und Grillpartys für Privat- und Firmenkunden.

Feinkost Galeria

Inhaber: Gregorio Alessandro
Körnerstraße 19
71634 Ludwigsburg
www.feinkost-galeria.de

In dem Familienbetrieb finden (nicht nur) Liebhaber italienischer Gaumenfreuden Spezialitäten wie Rosmarinschinken, Wildschwein- und Trüffelsalami, verschiedene Käsesorten, Olivenöl, Aceto Balsamico, feine Weine und Grappas sowie frisches Obst und Gemüse.

Ludwigsburger Wochenmarkt

Marktplatz
71634 Ludwigsburg
Marktzeiten: Dienstag und Donnerstag von 7.00 bis 13.00 Uhr
Samstag von 7.00 Uhr bis 14.00 Uhr

Der große Wochenmarkt im Herzen der Barockstadt.

Rezept-Verzeichnis

Nachschlag

Von links nach rechts: Lars Schietinger, Sabine Wittig, Wolfgang Reichert, Thomas Zörlein, Olaf Schulze, Yvonne Schramm , Thomas Heil

Wir danken allen, die zum Gelingen dieses Buches beigetragen haben: den Wirtsleuten, die so lecker kochten und uns in ihre Töpfe und Küchen schauen ließen, Miriam Rosner, Fachbereich Film, Medien und Tourismus der Stadt Ludwigsburg für die Informationen zum Start unseres Projekts, Sabine Deutscher für ihre interessanten Recherchen zur Eberhardstraße, dem Stadtarchiv Ludwigsburg für die wertvolle Unterstützung und die Zurverfügungstellung einiger Bildmotive, Karin Rossnagel für das sorgfältige Korrekturlesen all unserer Texte sowie Günther Piltz, der unseren Bildern den letzten Schliff gegeben hat.

Außerdem geht unser Dank an die (Ehe-)Partner des Redaktionsteams, die manche Debatte und zahlreiche Probekochtermine über sich und ihre Küchen ergehen lassen mussten und wir danken unseren Familien, Freunden und Bekannten für ihre Ideen und Anregungen und für ihr Verständnis, wenn private Termine mal wieder verschoben werden mussten.

Das Team der Trommelwiese

trommelwiese

trommelwiese

Trommelwiese = die, alte Bezeichnung für einen Teil des ursprünglich größeren Cannstatter Wasens, nach den dort natürlich auftretenden Mineralquellen benannt, die beim Austritt aus der Erde trommelartige Geräusche erzeugten (heute Veielbrunnenquelle).

APOTHEKE